差別のない社会をつくるインクルーシブ教育

誰のことばにも同じだけ価値がある

野口晃菜
喜多一馬 編著

学事出版

まえがき

本書は2020年９月に開講したインクルージョン研究会「あぜみ」で取り上げたテーマについて、研究会のメンバーが中心となり執筆しました。インクルーシブな社会、インクルーシブ教育の実現はとても難しいです。本研究会では、１人で考えるのではなく、マイノリティ当事者や家族、学生、福祉・医療関係者、研究者、教員、行政職員、会社員など、多様な立場の人たちがモヤモヤを共有したり、考えを交換したりしてきました。その中で何か１つの正解を提示するのではなく、それぞれが見える風景や、現時点での考えを、それぞれのことばで語り合うことを大切にしてきました。

本書の執筆者は私を含め、「インクルーシブな社会をつくるには、インクルーシブ教育を実践するには、これさえやれば正解だ」という「答え」を持っているわけではありません。モヤモヤや葛藤をみんなで共有する中で、できることを今も模索し続けています。本書にはその葛藤もたくさん記されています。本書に書いてあるさまざまな情報や実践記録を、考える材料や実践の材料としていただき、皆さんもぜひ一緒にモヤモヤしてください。そしてそれを周りの人と共有してみてください。

また、本書のサブタイトル「誰のことばにも同じだけ価値がある」は本研究会において大切にしている考えの１つです。私はどうしても立場や肩書でその人のことばにどれくらい価値があるかを決めてしまいがちですが、皆さんはいかがですか。本書では、１人ひとりのことばを同じくらい大切にしています。ここでいう「ことば」は必ずしも音声言語や文字にできる「ことば」のみでなく、さまざまな表現方法やことばにならないことばも含んでいます。

インクルージョンを実践しようとする中で、「偉い人」や「専門家」

のことばだけが大切にされてしまったら、それは結局不均衡な関係性や構造を維持してしまうことにつながり、インクルージョンにはつながりません。ぜひ本書を通じて1人ひとりのことばに耳を傾けてみてください。

2022年８月　野口晃菜

差別のない社会をつくるインクルーシブ教育

誰のことばにも同じだけ価値がある

もくじ

執筆者紹介

本書は、インクルージョン研究会「あぜみ」の
メンバーを中心とした26名で執筆しています。
ここでは、本文をお読みいただく前に、各執筆者がどんなことに
関心を持っていて、どんなことにハマっているのか、
好きなのか、1人ひとりの人柄を紹介します。
（所属等は、執筆当時）

野口晃菜
インクルージョン
研究者

関心のあること

インクルーシブな社会に向けて研究すること、実践すること、そして政策へつなげることに関心があります。そのために、多様な人たちとコラボレーションするのが大好きです。

マイブーム

90年代、2000年代の懐メロをよく聞いています。あとは３年間続けているピラティス。これまででいちばん体が柔らかくなりました。

関心のあること

支援者支援が関心の中心であり、インタビューを用いた質的研究や支援者の当事者研究を行っています。医療者の多職種連携、医療現場におけるマイクロアグレッション、医療者の加害性、障害者の就労やアート活動などにも関心があります。

マイブーム

雑なダイエットにハマっています。SNSで見かけた痩せそうな運動を三日坊主で取り組んでみたり、１週間連続で昼食はレタス半玉と豆腐を食べてみたりしています。習慣化がすこぶる苦手。

喜多一馬
株式会社PLAST
理学療法士

延原稚枝

筑波大学大学院人間総合科学学術院
人間総合科学研究群障害科学
学位プログラム博士後期課程
社会福祉士、介護福祉士

関心のあること

障害のある人の生活における権利擁護について考えることがライフワークです。とりわけこれまで個人的なこととされてきたセクシュアリティに関する人権に関心を持って研究しています。今のテーマは知的障害のある人の子育てです。

マイブーム

「散歩」にハマっています。公園の池にくる水鳥や生き物、草花の生態系についていろいろ考えたり、プチ調べ物をするのがマイブームです。

中野まこ

自立生活センター
十彩代表

関心のあること

障害当事者の立場から、障害者の自立支援、権利擁護、啓発活動を行っています。インクルーシブ教育、性教育にも関心があり、子どもたちへ社会モデルをどう伝える？を日々模索中です。

マイブーム

自分へのご褒美にアフタヌーンティー巡りをしてお姫様気分を味わうこと。マイクロブタさんとふれあうこと。

川﨑良太

NPO法人
自立生活センター
てくてく代表

関心のあること

差別や排除を自分ごとに捉えるための伝え方に興味を持っています。障害者が地域で生活できる社会を目指し、おもにピア・カウンセリング・社会生活のノウハウを学び合うILPを中心に活動中。

マイブーム

最近は「ドラクエ・ウォーク」にも熱中！　電動車椅子でもゲームができる！

松波めぐみ

大阪公立大学ほか
非常勤講師

関心のあること

①多様な立場の人が平等に生きられる社会のために、どんな教育や「しかけ」が必要なのか。障害者差別解消法をどうやって活用するか。②「障害の社会モデル」とインターセクショナリティ（交差性）。

マイブーム

①京都市バスの「1日乗車券」を駆使したお散歩。いかにお金をかけずに楽しみ、ぼんやり休憩するか。②大好きなドラマの世界に浸ること（カムカムエヴリバディ、MIU404など）。

加藤日和

佛教大学通信教育課程
社会福祉学部社会福祉学科
学生

関心のあること

人権の尊重、ジェンダー平等や社会正義、多様性の承認にもとづく共生社会に求められる福祉政策や福祉実践のあり方、分断や排除や無関心ではなくケア的な関係性にもとづく地域社会のあり方について考え続けています。

マイブーム

庭遊びです。田舎暮らしをしながら、自宅庭でどろんこになって花や野菜を育てています。最近一眼レフカメラを購入、花を眺めてウットリ、カメラでパチリとしてウットリ、写真を眺めてウットリ……季節ごとに変化する自然を追いかけています。

関心のあること

自身が児童養護施設入所経験があることから社会的養護や貧困家庭に関心があります。また、自分は大人になってからYouTubeを通して、見える世界の価値観が変わったので、これからの子どもたちの未来の切り開き方にも関心があります。

マイブーム

YouTuberの真似ごとをして撮影や編集をしています。登録者は現在50人です（笑）。

深澤竜二

株式会社
LITALICO

伊藤芳浩

NPO法人インフォメーション
ギャップバスター理事長

関心のあること

ろう者であり、手話という視覚言語を使用する言語マイノリティ当事者として、使用言語がもたらす特権・アンコンシャスバイアス・マイクロアグレッションに関心があります。また、障害者がひとりの人間として働きやすくなる環境づくりと、ビジネスと人権における障害者対応に関心があります。

マイブーム

美術館巡りと映画鑑賞にハマっています。作品分野は、コンセプチュアルアートが好きで、見る度に、常識に囚われた自分にハッとし、たくさんの刺激を受けています。映画は、邦画にはあまり字幕がないので、もっぱら字幕付き洋画を見ています。とくに、アクションとドキュメンタリーをよく見ています。

関心のあること

社会的排除と向き合い、１人ひとりの人権を大切にする教育実践に関心があります。とくにここ数年は、包括的性教育について考えています。

マイブーム

料理とオザケンが好き。休日、「天使たちのシーン」を聴きながら、１週間分の作り置きのおかずをつくっているときに、この上ない幸せを感じます！

星野俊樹

桐朋小学校
教諭

郡司日奈乃
千葉大学大学院教育学研究科
修士課程　学生
NPO法人企業教育研究会理事

関心のあること

専門は授業実践開発研究。主権者教育や包括的性教育、企業と連携した教育など、現代的な諸課題を踏まえた教科等横断的な授業・教材づくりに関心があり、実践的に研究を行っています。

マイブーム

カメラとデザインにハマっています。出かけ先では「この風景は教材に使えそう！」と撮影してスライド背景に使ったり、Illustratorで配付資料をつくっています。内容はもちろん、魅せ方も追求したいです。

青山郁子
都留文科大学国際教育学科
教授

関心のあること

学校心理学、中でもいじめ・ネットいじめの予防と介入をテーマに研究を行っています。子ども、保護者、教員のメンタルヘルス、海外の予防教育にも関心があります。

マイブーム

マイブームといっていいのかわかりませんが、子育て＆子ども観察です。上の子（5歳）と下の子（1歳）は全然違うので毎日賑やかで飽きないです。また調理家電でできる時短＆ほったらかし料理を追求しています。

松山康成
香里ヌヴェール学院小学校
教諭・研究員

関心のあること

学校現場における子ども同士のいじめやけんかなどの対立問題に対する周囲他者の介入行動に注目した研究や、介入行動が実現するための学校環境づくりとして、ポジティブ行動支援の研究に取り組んでいます。

マイブーム

飛行機に乗ってどこかへ行き、温泉に入ったりおいしいラーメンを食べたりすることが大好きです。空を飛んでいると、今までにないアイデアが生まれたり、地上ではありえない集中力が生まれたりすることがあります。

大野睦仁
北海道公立小学校
教諭

関心のあること

公立学校という場で、子どもたちと先生たちと「学習者主体の教室づくり／対話を通した職場づくり／内省を生かす自分づくり」を模索しています。子どもたちの遠いミライだけではなく、近いミライも見据えて関わりたいと思っています。

マイブーム

「No Music No Life」音楽なしでは生きられず、リスニングだけではなく、ライブやフェスに出向く日々。最近は、映画や海外ドラマブームが自分の中で再燃。「No サブスク No Life」の日々。

森村美和子
東京都公立小学校教諭
特別支援学級担任

関心のあること

学校で生きづらさを抱えた子どもたちと出会う中で、子どもの気持ちや気づきを教えてもらえたときや新しい発見があるときにキュンとします。子どもから学ぶ日々。子どもの好きやワクワクをもっと大切にしたい。魅力いっぱいの子どもたちの声を多くの人に伝えたいと思っています。

マイブーム

ご近所チャリ旅と御朱印集めがマイブーム。最近は、学校外の子どもの居場所や学び場から学んだりメタバースなど新しい可能性を探っています。いろんな人とつながりたいな〜。

関心のあること

通常の学級の担任として特別支援教育に関心を持ってきました。今は、算数少人数担当、特別支援教育コーディネーター、研修担当として、学校の先生たち、子どもたちみんなと関わる仕事をしています。

マイブーム

ここ数年、クロスバイク（自転車）がお気に入りです。早朝の人通りの少ない街中や都会の川沿いを、辺りを眺めながら走るのが好きな自分には、速すぎず、遅すぎずのクロスバイクのスピードがちょうどいいです。

田中博司
東京都公立小学校
主幹教諭

福地健太郎
独立行政法人国際協力機構
（JICA）職員

関心のあること

国際協力、教育、障害がキーワード。とくに障害者を含めた取り残されやすい人々を取り残さない国際協力、障害者の国際協力への参加、インクルーシブ教育への権利の実現に関心があります。

マイブーム

日本ではブラインドサーフィンにはまっていましたが、海のないパラグアイに赴任してからはタンゴに挑戦しています。パラグアイのバーベキュー（アサード）も絶品でマイブームです。

関心のあること

地域で暮らす障害がある方のヘルパーを始めました。誰もが安心して生きられる社会になるよう、日々の介助を通してその人の日常生活をサポートしつつ、多様なくらしがあることを多くの人に伝えていきたいです。

マイブーム

ゆずとなにわ男子に癒される日々です。ヘルパーを始めてから、今まで目を背け続けてきた家事が楽しくなってきました。洗濯物をバサバサする時間が好きです。旅先で買った器に料理を盛り付けてお酒を飲むのが幸せ。

大石梨菜
元京都市立総合支援学校教諭
NPO法人日本自立生活センター
自立支援事業所

関心のあること

人権教育、通常学級における特別支援教育に関心があります。そこから派生して、福祉や法教育などについても学び始めました。

マイブーム

大河ドラマ視聴。平家物語や吾妻鏡を読んで、歴史を学び直しています。次の大河も楽しみです！

清水奈津子
愛知県公立小学校
教諭

遠藤径至
厚生労働省職業安定局
高齢者雇用対策課課長補佐

関心のあること

大学院で学んだ臨床心理学、仕事で学んだキャリアコンサルティングに、組織開発の知見を組み合わせて、インクルーシブな職場づくりに取り組みたいです。あと、情報建築やパターン・ランゲージが気になっています。

マイブーム

学生寮のようなシェアハウスに住む高校生・大学生・異業種社会人と日々遊んだり語ったりしながら、月に数日の娘との面会交流に向けて、遊具の素敵な公園を探し、お弁当を試行錯誤し、段ボールでガチャポンをつくっています。

関心のあること

京都大学在学中に社会学、ジェンダー論を学び、自身でも専業主夫を経験。関心領域は、ジェンダー・キャリア論、能力主義など。現代の生きづらさを和らげたい、と日々考えながらnoteにエッセイを綴っています。

マイブーム

写真が好きで、たまに撮影イベントを開いています。あと、家に本が収まりきらないくらい本が好きなのですが、あぜみのメンバーといつか共有できる図書館をつくりたいです。

太田祐輝
認定NPO法人ノーベル
キャスター株式会社（副業）

桒田嵩平
就労支援員、理学療法士
ひゅっげな森の学校校長

関心のあること

暮らしの豊かさの探究をしていて、その中で通信制高校の進路未決定率の高さに関心があります。どんな社会的背景があっても1人ひとりの命を生かすために、小学校・中学校とつながり、社会へつなげていく通信制高校の在り方を考えることに関心が高いです。

マイブーム

卵かけごはん（TKG）にハマっています。木の茶碗にごはんをよそって、黄ニラ醤油をかけて口の中にかきこむのが最高です。竹小屋を創って鶏と暮らして産み立て卵のTKGを食べる、そんな妄想をしてます。

岩下唯愛

熊本大学文学部
グローバルリーダーコース
学生

関心のあること

３歳から車椅子ユーザーの私は、中学生の頃から自分自身が受けていた特別支援教育に疑問を持つようになりました。障害の有無に関わらずすべての人が幸せなインクルーシブな学校づくりに関心があります。

マイブーム

アニメ「SPY×FAMILY」に今頃ハマっています。オープニングとエンディングの曲も好きでよく聴いています。今までアニメはほとんど見ていませんでしたが、新たな楽しみができました。

関心のあること

小学校の通常学級にいる教師が、どのように子どもたちと関わっているかについて、質的に研究をしています。自分も含めて、もう少し皆が楽に、楽しく生きていくことができる社会とはどんな社会なんだろうかということを考えています。

マイブーム

映画を見ることにハマっています。ミニシアターに足を運んで、チラシを集め、また新しい映画を見に行ったり、TSUTAYAに行って、今住んでいる寮の人と一緒にロビーで映画を見たりしています。おすすめの映画があったら、教えてください！

尾花涼

東京学芸大学大学院
教育学研究科
修士課程　学生

久保美奈

広島大学大学院
学生

関心のあること

インクルーシブ教育×社会科教育に関心があり、障害を社会問題としていかに学ぶかについて考えています。修士課程のときは理論研究を、博士課程では非常勤講師として実際に学校現場で勤務しながら実践研究を行いました。

マイブーム

オートミールご飯の開発にハマっています。オートミールに水と溶き卵を加え、レンジでチンした後に納豆をのせると、至高の食べ物ができます。スマホゲームをしたり、YouTubeを見たりしていると時間が溶けてしまうのが悩み。

関心のあること

不条理な生きづらさをなくすことに関心があります。今まで発達障害やメンタルヘルス、防災、医療的ケア児などさまざまなヘルスケア課題に取り組んできました。途上国医療や公衆衛生、まちづくりにも興味があります。

マイブーム

近所の喫茶店で厚切りバタートーストを食べること。コロナ禍になる前は人とご飯に行くことが大好きでした。今は医師国家試験に向け勉強中なので、働きだしたら買いたい物や行きたい場所を書き出してワクワクしています。

村田七海

和歌山県立医科大学
医学部医学科
学生

インクルーシブ教育について考えよう

きっと、この本を読んでいる誰もが学校で「差別をしてはいけない」と学んできたのではないでしょうか。私もそうでした。世の中は「差別をする悪い人」と「差別をしない良い人」がいて、自分は絶対に「差別をしない良い人」だと思っていました。差別が起こる理由は、「思いやりがないから」や「1人ひとりの意識の問題」と学んできたのです。

大学で障害児教育について学び始めてからもその考えは変わりませんでした。今は多様性の時代なのだから、障害の有無なんて関係ないし、性別なんて関係ない。1人の「ひと」としてお互いを見ることができたら、差別はなくなるのだから、そういう教育の在り方を模索したい、と考えていました。ただ、具体的にどうしたらよいのかはよくわかりませんでした。

「インクルーシブ教育」という言葉に出会ったのはその頃でした。2008年にユネスコが主催する国際教育会議（International Conference on Education）に本書の執筆者の1人でもある福地健太郎氏と共に参加したことが、インクルーシブ教育について考える大きなきっかけになりました。本会議では100か国以上の教育省が集まり、インクルーシブ教育の定義が確認され、今後インクルーシブ教育をどう推進していくかについて議論がなされました。そこから私の差別に対する考えは少しずつ変わってきたのです。

「はじまりの会」では、私自身のこれまでの経験を織り交ぜながら、本書において共通理解をしておきたい考えや本書の目的について皆さんにお伝えします。

1.インクルーシブ教育とは

本書で扱う「インクルーシブ教育」の定義は2005年にユネスコが出したガイドライン*[1]に記載されている定義を参考にし、以下のように定義をします。

「インクルーシブ教育は、多様な子どもたちがいることを前提とし、その多様な子どもたち（排除されやすい子どもたちを含む）の教育を受ける権利を地域の学校で保障するために、教育システムそのものを改革していくプロセス」

この定義のポイントは以下の４つです。

ポイント01　インクルーシブ教育の土台は「教育を受ける権利」

インクルーシブ教育と聞くと、「また新しいカタカナ文字の教育方法が出てきた！」と、思われるかもしれませんが、インクルーシブ教育は新しい概念ではなく、これまでもさまざまな条約や法律で定められてきた「すべての人が等しく教育を受ける権利」を保障することをより推進するためのものです。

たとえば、1948年の世界人権宣言の第26条には、すべての人は、等しく教育を受ける権利があること、また、教育は、人格の完全な発展と人権及び基本的自由の尊重の強化を目的としなければならない、と書かれています*[2]。さらに、「教育における差別待遇の防止に関する条約」

*[1] UNESCO, *Guidelines for Inclusion: Ensuring Access to Education for All*, 2005.（http://www.ibe.unesco.org/sites/default/files/Guidelines_for_Inclusion_UNESCO_2006.pdf）

(1960)、「女子差別撤廃条約」(1979) や、「子どもの権利条約」(1989) においても、教育における差別を禁止するのみでなく、積極的に撤廃することが掲げられています。つまり、すべての子どもたちはどんな領域(階級、民族、宗教、経済的地位、言語、性、障害など) においても差別をされない教育を受ける権利があることと、これらの権利をすべての学習環境において導入するべく、国は明確な措置をとるべきということです[*1]。

「誰もが差別を受けることなく教育を受ける権利を持っていること」は自明な一方、現状は、たとえば不登校状態にあり、教育を受けることができていない子どもがいます。また、学校に行っていたとしても、たとえばクラスのほかの子が教科書を読んでいる間に、ある子は教科書を読むことができない、など活動への参加に制約がある子どももいます。自分の地域の学校に通いたいのに、そこでは十分な支援が得られずに、遠い学校に通わざるを得ない子どももいます。差別なく全員が等しく教育を受けられているか？　というと、まだまだ実現は難しいのではないでしょうか。

インクルーシブ教育を「新しい流行りの〇〇教育」として捉えるのではなく、今の教育システムは子どもたちの等しく教育を受ける権利が保障されているのかを見直し、より差別なく教育を受ける権利を保障するためにどうしたらよいのかを考える視点が大切です。

ポイント02　子どもたちは多様であることを前提とすること

「インクルーシブ教育」と聞くと、障害のある子どものみが対象であると思われるかもしれませんが、その**対象はすべての子どもです。**そしてその対象となるすべての子どもは多様であることを前提としています。

[*2] 国際連合広報センター (https://www.unic.or.jp/activities/humanrights/document/bill_of_rights/universal_declaration/)

今の学校は、多様な子どもがいることが前提になっていますか。たとえば、学校の建物は、車いすユーザーの子どもや、視覚障害のある子どもが学校に通うことが前提となっているでしょうか。体操着や水着に着替える場所はどうでしょうか。生まれたときに割り当てられた性別とは異なる性別のアイデンティティを持っている子どもも安心して着替えができるようになっているでしょうか。行事はどうでしょうか。多様な家族や、さまざまな家族との関係性のある子どもがいることが前提になっているでしょうか。

以下の子どもたちがとくに教育から「排除されやすい」「周縁化されやすい」マイノリティ属性の子どもたちの例です。

・虐待をされている子ども・労働やケアをせざるを得ない状況にある子ども・宗教第二世の子ども・難民の子ども・外国にルーツのある子ども・貧困状態の家庭にいる子ども・性的マイノリティの子ども・障害や病気のある子ども・不登校状態にある子ども・加害者の子ども

ポイント03 子どもに合わせて教育システムそのものを改革すること

上記のように多様な子どもたちがいることを前提としたとき、全員の学ぶ権利を保障するためには、今の教育システムのままでは難しいでしょう。**すべてのニーズに応えるためには、今の教育の在り方に多様な子どもを合わせるのではなく、多様な子どもたちのニーズに合わせて教育システムそのものを変えていく必要があります。**先生など周りの大人の１人ひとりの努力のみに頼るのではなく、教育システムという構造自体を変えていくことがインクルーシブ教育の３つ目のポイントです。上述の通り、インクルーシブ教育は障害のある子どもだけを対象としているものではないため、特別支援教育のみではなく、通常の教育そのものの在り方を多様な子どもがいることを前提に変えていくことが求められています。

ポイント04 インクルーシブ教育はプロセスであること

よく「インクルーシブ教育を実現している国を教えてください」と聞かれたとき、「そんな国はありません」とお伝えします。なぜなら、社会はめまぐるしく変化をしており、その変化によって新たなニーズはつねに生まれてくるため、つねに変化に合わせて教育システムをアップデートしていかなければなりません。「達成」「実現」しないと「インクルーシブ教育」ではないのか？　というとそうではなく、**理想に向けて歩むプロセスそのものが「インクルーシブ教育」**なのです。

私は上述したインクルーシブ教育の概念と出会うまで、障害のある人に対する差別をなくし、障害の有無に関わらず、どんな子どもも過ごしやすい学校教育をつくりたい、と漠然と考えていました。しかし、そもそも、障害のある子どもだけではなく、多様な子どもたちがいることを前提とした教育をつくる必要があることに気がつきました。確かに、障害のある人だけが差別をされるか、というと、そうではありません。外国にルーツのある人、性的マイノリティ、貧困状態にある人など……差別を受けているマイノリティ属性は日本にもたくさんいます。障害以外のマイノリティ属性の子どもの教育を受ける権利を保障するためには、**特別支援教育や障害児教育の枠組みのみではなく、通常の教育の枠組み自体をインクルーシブにしていくための議論が欠かせません。**

日本においては、「インクルーシブ教育」という言葉は、「障害の有無に関わらず共に学ぶこと」という狭義の定義で使用をされることが多いです。

本書では、上述した広義の定義を使用し、「障害」に関わることのみでなく、幅広く多様な観点を取り上げています。一方、本書においての限界もたくさんあります。たとえば不登校、外国にルーツのある子ども、宗教、多様な家族、などについては今回焦点をあてることができませんでした。しかし、本書において「インクルーシブ教育」という言葉を使うとき、それは今回焦点をあてなかった子どもたちも含む言葉であるということをここに記しておきます。

2. なぜ差別や排除が起こるのか

01_社会はマジョリティ仕様につくられている

冒頭に記したように、大学生まで私は差別が起こる理由は、「1人ひとりの意識」の問題だと思っていました。差別の責任は差別をしているその人個人にあるため、差別をしない努力を1人ひとりがもっとすれば、差別はなくせる、と思っていたのです。しかし、このように誰もが学んでいるはずにも関わらず、差別はなかなかなくなりません。

たとえば「多様性と調和」が掲げられた東京オリンピック・パラリンピックにおいてでさえ、元大会組織委員会会長の森喜朗氏から「女性がたくさん入っている理事会の会議は時間がかかります」(『朝日新聞』2021年2月12日付)との女性軽視発言があったり、開会式において手話通訳がテレビで放映されない事態があったり、マイノリティへの差別とつながる出来事がたくさんありました。おそらくオリンピック・パラリンピックに関わった皆さんも「差別はよくない」と思っているはずです。個々人は差別をしようと思っていたわけではないでしょう。それでも差別が起こってしまったのはなぜでしょうか。

私は、「**障害の社会モデル**」という考えに出会い、そもそも差別は個々人が思いやりを持つのみでなくせるものではない、と学びました。制度や文化など、社会の構造の中に差別が存在しているため、どんなに1人ひとりが頑張って差別的な言動をしないように努力をしてもそもそもの構造を変えていかないと差別はなくならないと気が付いたのです。障害の社会モデルでは、障害にともなう困難さの要因を個人の機能障害に置くのではなく、社会がそもそもさまざまな障害のある人がいることを前提にしたつくりになっていないことを問題の要因として捉えます（「障害の社会モデル」については、コラム４（166〜171頁）も参照ください）。

たとえば、私が旅行に行くとき、何も考えずに駅の階段の上り下りをし、新幹線に乗り、ホテルに行き、温泉につかることができます。しかし、私が車いすユーザーだったらどうでしょうか。まず、駅にエレベーターがあるかどうかを確かめなければならないかもしれません。新幹線は事前に予約をして車いす席が空いているかの確認も必要です。ほかにも、たとえば私は本を読むことが好きで、よく友人に本を紹介します。その友人はいつも「その本、電子書籍あるかな？」と聞きます。それは、その友人は視覚障害があるからです。視覚障害のない私は電子書籍の有無を気にする必要がありません。

なぜ障害のある人は、障害のない人が考えなくてよいことを考えなければならないのか？　それは、社会が障害のないマジョリティを中心につくられており、障害のある人がいることを前提としたつくりになっていないからです。

私個人が障害のある人に差別をしないようにどんなに心がけても、社会はすでに私を含む障害のないマジョリティの人たち仕様につくられています。個人として「思いやり」を持って障害のある人と接したら差別

はなくなるかというと、この社会がマジョリティ仕様につくられているままではなくせないのです。これは障害のある人のみでなく、ほかのマイノリティ属性の人についても同じです。

日本において2016年に施行された「障害者差別解消法」（正式名称：「障害を理由とする差別の解消に関する法律」）においては、この「障害の社会モデル」の考え方をベースとし、社会の側が障害のある人がいることを前提としたつくりになっていないため、１人ひとりに必要な合理的配慮を提供することとされています（合理的配慮についてはコラム４を参照ください）。

02_特権とは

「マイノリティが考えなければならないことをマジョリティは考えなくても困らないこと」がたくさんあることをお伝えしました。このように、「あるマジョリティ側の社会集団に属していることで労なくして得る優位性」のことを「特権」といいます（出口、2021）[＊3]。注意点は、ここでいう「マジョリティ」は数の多さではなく、より主流であり、より権力がある方です。たとえば男性と女性だと、日本では女性のほうが人口が多いですが、国会議員や企業の役員など、意思決定をする立場にいる人の数は圧倒的に男性のほうが多いため、男性のほうがよりマジョリティ特権があると考えます（マジョリティ性や特権についてはコラム２（97〜99頁）、コラム３（139〜140頁）でも取り上げています）。

たとえば、前述の通り、私はたまたま車いすを使わずに歩くことができるように生まれたから、旅行に行くときに事前に確認が不要、という優位性を持っています。また、目が見えるため、本を買うときに電子書

[＊3] 出口真紀子「みえない『特権』を可視化するダイバーシティ教育とは？」岩渕功一編著『多様性との対話 ダイバーシティ推進が見えなくするもの』青弓社、2021年

籍があるかどうかの確認が不要、という優位性も持っています。これらは私が努力して得たものではなく、たまたま私に障害がないため持っている特権です。

学校においても、私には何も考える必要がなかった、気にする必要もなかった以下の特権がありました。皆さんはいかがでしょうか。

・地域の学校の通常の学級に通うことができる。
・教科書を読み、黒板の文字をノートに写すことができる。
・男女別々の狭いトイレを使用することができる。
・給食費や修学旅行費など親は何も言わず払ってくれる。
・父・母・兄妹の家族構成が前提となったイラストや教材に何も違和感を持たずにすむ。
・見た目で自分の国籍や話す言語を判断されない。
・給食で出たものはすべて食べることができる。

これらはごく一部で、そのほかにも私自身気が付いていない特権が私にはたくさんあります。**特権のある人は、自分が特権による恩恵を受けている状態が「当たり前」であるため、なかなか気が付くことができません。**

03_マジョリティ特権者が無自覚に構造的な差別を維持している

意思決定をする立場や影響力のある立場は、マジョリティ特権者が多いです。たとえば、日本のみでなく世界を見渡しても、圧倒的多数の意思決定者は、生まれたときの性別と自分の性別のアイデンティティが一致しているシスジェンダーであり、異性愛者であり、かつ障害のない男性です。日本では、男女で比べてみると、上場企業の役員をしている女性は7.4％のみです[*4]。女性の国会議員は9.7％のみです[*5]。

学校教育に関わる比率はどうでしょうか。女性の教育長は都道府県で10.6%、市町村で5.5%です[*6]。学校における校長などの女性管理職は18.1%です[*7]。男女はほぼ同じ人口の割合であるにも関わらず、意思決定をする立場には圧倒的に男性が多いことがよくわかります。また、障害のある先生は、1.27%のみであり、障害のない先生のほうが圧倒的に多いです[*8]。このような事実は、子どもたちにも大きく影響をしています。たとえば、「校長先生を思い浮かべてください」「社長を思い浮かべてください」と言ったときに多くの子どもが障害のない男性を頭に思い浮かべるでしょう。障害のある先生を思い浮かべる子どもはなかなかいないのではないでしょうか。

意思決定をしてさまざまな制度をつくっていく立場にいるマジョリティ特権者が、自らの特権に気が付かないまま制度をつくると、無意識のうちに差別的な構造をそのまま維持してしまうことになります。

たとえば、2019年に重度の障害のある木村英子さんと舩後靖彦さんが国会議員になりました。重度の障害がある2人が議員になることで、大型車いす用の議席が設置されるなど、バリアフリー化が進んだのです[*9]。これまでもバリアフリーにするべきと思っていた人はいるかもしれません。しかし、その優先順位はとても低かったのでしょう。もしこのまま重度の障害のある方が議員になることがなかったら、マジョリティ特権者仕様の国会、つまり、重度の障害のある人にとっての差別的な構造が維持され続けたでしょう。しかし、2人が議員になることで、

[*4] 株式会社東京商工リサーチ「上場企業2220社 2021年3月期決算『女性役員比率』調査」(https://www.tsr-net.co.jp/news/analysis/20210716_03.html)
[*5] NHK調べ(https://www.nhk.or.jp/politics/articles/feature/71681.html)2021年11月10日付
[*6] 文部科学省「教育行政調査結果」令和3年5月1日
[*7]『日本経済新聞』「校長ら女性管理職、18% 30道府県、政府目標届かず」2020年3月9日付
[*8]『毎日新聞』「『障害のある先生』採用阻む壁」2021年7月15日付
[*9]『朝日新聞デジタル』「バリアフリー国会へまず一歩 れいわ2氏対応で議席改修」2019年7月28日付

バリアフリー化が進んだのです。

制度や仕組みをつくる人たちがマジョリティ特権者ばかりで、マイノリティ属性の人の声を聴いたりそれを取り入れたりする仕組みがないかぎりは、マジョリティ属性にとって都合のよいマジョリティ特権者優位の社会は維持されてしまうのです。

制度だけではなくて、メディアや商品なども同じです。たとえば、アメリカのジョンソン＆ジョンソンは2020年にBlack Lives Matter運動を受け、「バンドエイド」を多様な色で展開しました[*10]。それまで同社は1921年から100年にもわたり、白人の肌の色のみを想定したバンドエイドを販売し続けたため、「遅すぎる」との声も多かったとのことです。

また、厚生労働省は2021年に履歴書の性別欄を男・女の２択ではなく、任意で書き込む形の様式例を発表しました。さまざまな性的アイデンティティの人がいることを前提として変更が加えられました[*11]。

「バンドエイド」も、履歴書も、はじめにつくる段階で多様な人が使うことが前提になっていたら？　白人やシスジェンダーなどのマジョリティ特権者以外のマイノリティ属性の人が開発チームや意思決定ができる立場にいたら？　おそらく開発をした人たちも「差別をするつもりはなかった」でしょう。しかし、自身の特権に気が付かないまま、意思決

学校や会社もマジョリティ特権者が意思決定者

[*10] HUFFPOST「多様な肌の色にあうバンドエイドが販売へ。『遅すぎる』と訴える声も」2020年6月13日付（https://www.huffingtonpost.jp/entry/story_jp_5ee457fec5b6fc0a22e3022a）

[*11] 朝日新聞デジタル「履歴書、男女の選択肢なくす様式　厚労省『記載は任意』」2021年4月16日付（https://www.asahi.com/articles/ASP4J6F92P4JULFA017.html）

定や開発をすると、無自覚のまま、マジョリティ特権者にとってのみ都合のいい製品やサービスをつくることに加担してしまう構造になってしまっているのです。

3. インクルーシブな教育実践のために教師ができること

どうしたらマジョリティ中心の社会から、さまざまなマイノリティがいることが前提の差別のないインクルーシブな社会はつくれるのでしょうか。

世界的に「インクルーシブ教育」という言葉が潮流となった「サラマンカ声明」(1994)[*12]においては、「インクルーシブ志向のある通常学校は、差別を撤廃し、歓迎的な地域を創造し、インクルーシブな社会を築き、万人のための教育を達成するためのもっとも効果的な方法である」との記載があります。つまり、インクルーシブ教育を実践していくことは、差別がないインクルーシブな社会をつくることにつながるということです。

日本で2012年に文部科学省が出した報告「共生社会の形成に向けたインクルーシブ教育システム構築のための特別支援教育の推進」においても、「『共生社会』とは、これまで必ずしも十分に社会参加できるような環境になかった障害者等が、積極的に参加・貢献していくことができる社会である。それは、誰もが相互に人格と個性を尊重し支え合い、人々

[*12] スペインのサラマンカで開催された「特別なニーズ教育に関する世界会議」において、特別な教育的ニーズのある子どもたちを含めた万人のための教育を実現するために「サラマンカ声明」が採択された。(独立行政法人　国立特別支援教育総合研究所https://www.nise.go.jp/blog/2000/05/b1_h060600_01.html)

の多様な在り方を相互に認め合える全員参加型の社会である」との記載があります[*13]。日本においても、多様な人がお互いの在り方を認め合える共生社会の形成に向けて、インクルーシブ教育システムの構築が目指されていることがわかります。

今後の社会をつくっていくのは子どもたちです。その子どもたちはもちろん以前の私のように「差別はしてはいけない」と学んでいるでしょう。けれど、「差別をしてはいけない」だけ学んでも、なかなか上記のような社会の差別構造を変えることは難しそうです。子どもたちが大人になったときに、無自覚に差別構造を維持しないために、教育ではなにができるのでしょうか。以下に本書を通じてインクルーシブな教育実践のためにできることを提案します。

01_自らの特権や受けている抑圧に気が付く

どんなに1人ひとりが思いやりを持った「いい人」であっても、自らの特権に気が付かないままだと、差別構造の維持に加担してしまう可能性があることは共通理解がとれたかと思います。では、教師として何ができるのでしょうか。

まずは、**自らが持っている特権に気が付くことが大切です。**そのためには、マイノリティ属性の当事者の声をたくさん聴いて知ってください。当事者の書籍や発信から学んでください。また、子どもや保護者と接する際に、「マジョリティ」「マイノリティ」「特権」「社会モデル」を踏まえた上で接してみてください。それまでは気づく必要がなかったことに気が付くと思います。

[*13] 文部科学省初等中等教育分科会「共生社会の形成に向けたインクルーシブ教育システム構築のための特別支援教育の推進（報告）」平成24年7月23日（https://www.mext.go.jp/b_menu/shingi/chukyo/chukyo3/044/houkoku/1321667.htm）

私たちはそれぞれマジョリティ属性とマイノリティ属性を併せ持っている場合が多いです。たとえば私の場合、性別（女性）以外はマジョリティ属性です。自分の持っている特権に気が付くことも大切ですが、逆に、**自分自身がマイノリティ属性として受けている抑圧にも目を向けてみてください。**これまで自分の努力不足だと思っていたことが、実は自分自身も抑圧を受けていることに気が付くかもしれません。先生たち自身が感じている抑圧については、「座談会１　インクルーシブ教育を実践する先生のしんどさ、どうする？」（216〜225頁）で３名の先生方が話しているので、参考にしてください。

02_無自覚の隠れたカリキュラムを見直す

どんなに「差別はダメ」と言葉で伝えても、学校そのものがマイノリティ属性の子どもを想定したつくりになっていなかったり、先生が多様な子どもがいることを前提として学級づくりや授業づくりをしていなかったりしたら、それは「隠れたカリキュラム」（教育する側が意図する、しないに関わらず、学校生活を営む中で、児童生徒自らが学びとっていくすべての事柄）として、子どもたちに伝わってしまいます。

たとえば、２分の１成人式で「ここまで育ててくれたお父さんとお母さんに感謝をしましょう」といった取り組みがよくあります。虐待を受けている子どもや父母以外に育てられた子どもは想定されているのでしょうか。行事ではなくても、日常のさりげない教師の言動を子どもたちは毎日浴びています。「男子」と「女子」で役割を分けることや、異性が恋愛対象になることを前提とした言動、障害のある子どもと日常で関わる機会がないこと、全員が同じ目標で同じ内容を同じ方法で学ぶことが「よいこと」など……これらはすべて隠れたカリキュラムとして、無自覚のうちに子どもが学びとっていることでしょう。

本書を読む中で、はじめて気が付くことがたくさんあると思います。それを踏まえて、**自身の日々の言動や教育活動そのものが無自覚のうちに差別や偏見をつくりだしていないか？　維持してしまっていないか？**を確認してみてください。

本書では、障害（35〜66頁）、貧困（75〜94頁）、包括的性教育（101〜135頁）、座談会２（226〜239頁）の章を読んでいただくことにより、さまざまなマイノリティ属性や無自覚のうちにしみついてしまっている偏見について気づくヒントが得られると思います。

03_ I人ひとりが異なることを前提とした学級づくり・授業づくりをする

これまで日本の教育は40人学級において、同じ目標に対して同じ内容を同じ方法、同じスピードで学ぶことを前提としてきました。その結果、多くの人にとって「誰もが同じ目標に対して同じ内容を同じ方法、同じスピードで学ぶ」ことが「当たり前」になっていました。少しでもそこから逸脱する人がいると「その子に何か問題がある」とみなしてきた側面があると思います。インクルーシブ教育では、I人ひとりの学びのありようは異なることを前提としています。当然今の人員体制ではI人ひとりのニーズに応えるのは難しいかもしれません。しかし、前述の通り、インクルーシブ教育は「プロセス」です。できるところからできる範囲でチャレンジをしてみてください。また、当然先生ひとりではできないことがたくさんあると思います。

2021年I月の中央教育審議会の答申「『令和の日本型学校教育』の構築を目指して〜全ての子供たちの可能性を引き出す､個別最適な学びと、協働的な学びの実現〜」においては､I人ひとりが興味関心や学習進度、学び方が異なることを前提として、個別最適な学びを推進することが掲げられています。また、「個別最適な学び」とあわせて、自分と異なる背景や考えを持つ者同士が、対話を通して納得解を形成していく「協働的な学び」の実践が求められています。このように、1人ひとりが異なる存在であることを前提とした教育改革はすでに進みつつあります。

多様な子どもがいることを前提とした実践については、排除やいじめのない学級づくり（141〜163頁）、インクルーシブ教育の実践（173〜211頁）の章で紹介しています。

04_構造的な差別について子どもたちと共に考える

「差別をなくすためには思いやりを」と子どもたちに教えるのみでは不十分であることは共通理解できたかと思います。ぜひ、本書を読んだ教員や対人支援に関わる皆さんには、「**差別はよくない**」**ということのみでなく、なぜ差別が起こり続けるのか、構造的な差別を断ち切るためにどんなことができるのかについて、子どもたちと一緒に考えてみてください。**たとえば、「合理的配慮がずるい」という子がいるかもしれません。そのときには、合理的配慮を受けている子どもや保護者と相談した上で、なぜ合理的配慮が必要なのか、学校も含めた社会がいかにマジョリティ特権者仕様にできているか、ということについて、子どもに説明するのも1つの方法です。

はじまりの会では、インクルーシブ教育の定義を確認し、いかに社会がマジョリティ仕様につくられているか、それが維持される社会の構造になってしまっているか、についてお伝えしました。その上で、本書を通じてインクルーシブ教育を実践するためにできることを提案していました。「そんなに難しいこと言われたって……」と思われているかもしれません。ぜひまずは次の章（時限）から、さまざまな立場の人の実践や経験、それを踏まえたモヤモヤや葛藤を読んでみてください。最後の章（課外活動）のインクルーシブ教育を目指す学生たちの声も読んでみてください。その上で、１人でじっくり考えてみたり、周りの人に共有してみたり、できそうな実践からまずやってみたりしてみてください。私たちと一緒にモヤモヤ葛藤しながらインクルーシブ教育の在り方を模索しましょう。

（野口晃菜）

|Work|リフレクションワーク

各章（時限）のおわりには、各内容に関連したリフレクションのための問いとおすすめ書籍・教材を載せています。日々の言動や教育活動を振り返ったり、学びを深めたり、個人や仲間でご活用ください。

リフレクションのための問い

社会モデルで捉える練習をしてみましょう。今学校で困っている子をひとり思い浮かべてみてください。もしその子のような特徴を持つ子どもがマジョリティだったら学校はどんな学校になると思いますか。

今日のご自身の行動を振り返りましょう。「これまで気づかなかったけれど自分にはこういう特権がある」と思ったことはなんですか。

学校において、気づかぬうちにマジョリティ中心の活動や声かけになってしまっていた「隠れたカリキュラム」を見つけてみましょう。

Books おすすめ書籍・教材

無自覚の差別について学びたい方へ

『差別はたいてい悪意のない人がする』

キム・ジへ著・尹怡景訳、大月書店、2021年

社会モデルについて学びたい方へ

『「社会」を扱う新たなモード 「障害の社会モデル」の使い方』

飯野由里子・星加良司・西倉実季著、生活書院、2022年

自分が受けている抑圧とどのように付き合うかを学びたい方、
抑圧をなくすための実践について学びたい方へ

『脱「いい子」のソーシャルワーク 反抑圧的な実践と理論』

坂本いづみ・茨木尚子・竹端寛・二木泉・市川ヴィヴェカ著、現代書館、2021年

特権をもっと自覚したい、
周りの人にも自覚してほしいと思っている方へ

『真のダイバーシティをめざして』

ダイアン・J・グッドマン著、出口真紀子監訳、田辺希久子訳、上智大学出版、2017年

子どもたちと多様性について考えたい方へ

NHK Eテレ「u&i」

※オンデマンドで視聴可能（https://www.nhk.or.jp/school/tokushi/ui/）

（野口）

第１限

障害のある人が学校を出たあとの暮らしを学ぼう

1. 障害のある人が地域で過ごす大切さと難しさ

01_はじめに、「障害」とはなんなのだろう

「障害」という言葉は、たびたび耳にしたり、あるいは口に出される人もいるのではないでしょうか。皆さん「障害」というと、それぞれイメージされるものが異なっているかもしれません。それはこれまで出会ってきた「誰か」、テレビや書籍などのメディアで出会った「キャラクター」、なのかもしれません。この章（時限）では繰り返し出てくる単語なので、少し難しいですが、2014年に日本も批准した「障害者の権利に関する条約」（以下、障害者権利条約）の第１条に示された考え方を確認しておきます。

「障害者には、長期的な身体的、精神的、知的又は感覚的な機能障害であって、様々な障壁との相互作用により他の者との平等を基礎として社会に完全にかつ効果的に参加することを妨げ得るものを有する者を含む。」（日本政府公定訳、傍線筆者）

ここでは、身体的、精神的、知的又は感覚的な機能障害だけでなく、「障壁との相互作用」という表現が使われていることに注目してください。これは心身機能に障害がある人が、社会生活を営む中で「○○する／したい」と思っても、環境との間に「うまくいかないこと」があって、さまざまな活動や参加が制約されている状態について「障害」と定義していることになります。

そこで、この章（時限）で使う「障害」とは、心身機能に障害があり、

社会環境との相互作用の中で「悪循環」がある状態と捉えることにします。あえて心身機能の障害を表現する場合は、「機能障害」と表記します。

また「社会モデル」が反映されていることに、すでにピンときた人もいるかもしれません。この考え方によれば、似通った機能障害があったとしても、場所・人・時間などの状況や環境により、「障害」が変化することは容易に想像していただけるのではないでしょうか。

図1 「障害」とは

02_当たり前のことなのに、なぜ障害のある人が地域で暮らすことが難しいのか

日本には、障害のある人が約7.6%いるといわれています（『障害者白書』、2022）[*1]。これは身体障害がある人、知的障害がある人、精神疾患がある人を併せた割合です。先ほどの定義にあてはめると、ほかにも該当しそうな人がいることに気づかれるのではないでしょうか。たとえば、難病をはじめ心身の不調がある人もいます。そして日本は、「障害者」になるためにさまざまな手続きを要しますから、そのような手続きをしていない人も存在するでしょう。さらに世界保健機関（2011）によれば、世界人口の約15%である10億人に、障害があるともいわれます[*2]。そう考えると、日本にも10人に1人くらい障害のある人がいておかしくないように思えます。すなわち、1つの町内会に100人住民がいれば、障害がある住民が10人いるのが「ふつう」だといえるでしょう。

*1 内閣府『令和4年度版　障害者白書』（2022年）では、身体障害、知的障害、精神障害の3区分について、各種調査に基づく推計値が提示されている。身体障害者数及び知的障害者数は、「生活のしづらさなどに関する調査」に基づき推計され、精神障害者数は、医療機関を利用した精神疾患のある患者数を精神障害者数としているとされる。

このように障害のある人が地域で暮らしていることが当たり前のはずです。にも関わらず、地域で共に暮らすことが難しいことでもあると私に教えてくれたのは、よしちゃん（仮名）と養護学校（現：特別支援学校）の仲間であったと思います。

よしちゃんは私が物心ついたときから近所にいる、優しいおじさんでした。よしちゃんは、ある日は通学路の傍らの空き地にどかっと座り、またある日は廃品を入れた猫車を引いて歩いていました。会うと必ず挨拶を交わし、たまにパンやコーヒーもくれました。よしちゃんが亡くなり、通学路の傍らのよしちゃんの陣地に鉄屑なんかが残されたまま、「おかえり」が聞けなくなったことを寂しく思ったものです。

よしちゃんが亡くなった後、たまたま母とよしちゃんの話をしたとき、母は「よしちゃんは知的障害があったよね」と言いました。それと併せて、彼をよく思わない人、馬鹿にする人がいたことも聞きました。そういう意味では、よしちゃんに障害はあったかもしれません。でも少なくとも私にとっては、よしちゃん以外の何者でもなく、当たり前に毎日出会う優しいおじさんでしたし、それは今も変わりません。

私は、小学６年生から中学１年生の途中まで養護学校に通いました。養護学校の隣の病院に入院し、学校の友だちと合宿気分で暮らしました。養護学校に通う友だちなので、病気や機能障害があることは知っています。ただ、友だちになるのにそれは大事な情報ではありませんでした。さまざまな友だちと関わる中で、先生から「重たい障害のある子を手伝ってあげて優しいね」と言われることがありました。私はこう言われるた

*2 国立障害者リハビリテーションセンター翻訳「障害に関する世界報告書 概要」（World report on disability: summary、世界保健機関発行、2011年）

びに、いつもモヤモヤしていました。私は一緒にいるのが楽しいと思える友だちと居ただけだったからです。友だちが車椅子ユーザーで、車椅子を押すほうがいいなら押せばいいと思っていただけに過ぎません。実際全員と仲良しだったわけでもないのです。ただ友だちと過ごすことを他者から価値づけられることへの、強い違和感を私は感じていました。

一方、地域の小学校と年に2回交流学習がありましたが、誰とも友だちにはなれませんでした。交流学習の時間が短かったせいもあるかもしれませんが、「病気があっても頑張っている子」とみなされている気がして、居心地が悪かったのです。思い込みもあったかもしれませんが、今もあの息苦しさと心許なさは、体が憶えています。

今思えば、私にとって安心して一緒に過ごせる仲間だったのは、共に同じ時間を共有する養護学校の友だちでした。そのような仲間を得られたことは、私にとって何にも変えがたい幸福な出来事であったと、今でも感じています。持病が少し安定して養護学校を離れて25年経つ今も、養護学校で出会った大親友と呼べる友人との友情は変わらないままです。

ただ、1点付け加えておきたいのは、現在の初等教育では同じ学区に住む子どもたちが、同じ学校に通うことが一般的であるにも関わらず、私たちはそのような縁で学び舎を共にしたわけではないということです。「通常学校」と呼ばれる学校においては、活動や参加をする上で「障害」があるので、学び舎や寝食を共にせざるを得ず、皆集まっていたともいえます。

私は大人になる前に、障害がある人が「住み慣れた地域」で暮らすこと、あるいは「養護学校」や「病院」という隔たりのある場に暮らすこと、そのただ中にいました。その経験を通じて、みんな違うことこそが当たり前で、面白いのだと体感していたと思います。その一方で社会の側は、「同一性」を強く求めていることにも気づかされました。これが

「同じようにできる人」と、「それ以外の人」を分け隔てるために機能する力動であることを、骨身に染みて感じたのです。ここから、社会的に構築された「同じ」は、それ以外を排除することで社会がつくりだした幻影、あるいは幻想にすぎないのではないかと考えるようになりました。

近年、ダイバーシティーという言葉をよく耳にするようになりました。ここ10年ほど、私自身も生活者として「多様性」を大切にする社会の変化を感じています。しかし、**社会が認める「多様性」は、「社会にも価値がある多様性」だけになっていないか、**という点が気がかりです。つまり、特別な能力を持ち社会に貢献できる人たち、障害があっても労働できる人たち、有り体にいえば、地域で暮らしていても迷惑をかけない人たちの多様性については認める、という空気感を感じています。

03_もう少し踏み込んで、地域に暮らし続けることが難しい人のことを考える

そこで、もう少し踏み込んで、住みなれた／住みたい地域で暮らすことが難しいままの人、いわば包摂されないままでいる人たちについて考えてみたいと思います。

私が最初に働いたのは、知的障害のある人たちが入所する施設でした。勤務先は知的障害のある人が入所施設に住み続けるのではなく、グループホーム（以下、ＧＨ）などの地域で暮らせるようサポートすることに力を入れていました。私が関わっていた人たちも、毎年数名ずつ入所施設からＧＨに転居していきました。そのＧＨの担当者がいつも頭を悩ませていたのが、①金銭的なこと、②ＧＨにする場所を借りること、③たくさんサポートを必要とする人のことでした。

まず①金銭面では、知的障害のある人たちがＧＨを利用する場合、６万円強（１か月）の利用料が必要となり、収入の大半を占めることに

なります[*3]。障害基礎年金[*4]だけで生活している人たちは、ＧＨで生活していくことが難しい場合がありました。一般就労をしている人たち、工賃[*5]をたくさん得られている人たちは、それで生活を賄うことができます。一方で「賃労働」が難しい人、家族の金銭的援助が難しい人は、ＧＨに移行するハードルが極めて高い状況にありました。

次に②ＧＨにする場所を借りることですが、「大家さんとの交渉が大変だ」という話を何度か聞きました。「グループホーム等障害者関連施設建設をめぐる反対運動に関するアンケート調査」[*6]によれば、実に25％（90会員／回答者356会員中）が、建設や運営開始に対する反対運動を経験しているといいます。事業所を建設する、あるいは運営を開始する際の反対運動だけで25％です。つまり、「ＧＨで物件を借りるといった場合等に担当職員が粘り強く交渉することが必要だった」といった事象も含めれば、もっと多くのコンフリクト（対立・軋轢（あつれき））が起こっていることが推察されます。

最後に、③生活を営む上でサポートを多く必要とする人の移行の難しさです。私が働いていた地域は過疎地域であり、朝・夕のサポートをしてくれる世話人さんもなんとか確保している状態でした。そのような現状から、朝・夕にサポートを受ければ生活が継続できる人たちだけがＧ

*3 山口未久・原田清美「重度訪問介護支給時間数の地域差に関する考察～全国の重度訪問介護事業利用者への調査より～」『難病と在宅ケア』26（8）、2020年、57～60頁。平成30年度の調査（厚生労働省 平成30年度障害者総合福祉推進事業 指定課題22「グループホームを利用する障害者の生活実態に関する調査研究」）によれば、GH入居者の家賃・水光熱費、食費、日用品費等での徴収費用平均額は61,561円である。これに小遣い等の支出が加わる。「少し余裕ができ預貯金ができる」と回答している人は４割に留まり、６割は「収入額と支出額がほぼ同じ」、または「支出超過で預貯金を切り崩している」を選択している。

*4 障害基礎年金は、年額１級で約97万円、２級で約78万円である（令和４年度）。

*5 一般的な雇用契約を結ばない就労継続支援B型事業所などの利用者に支払われるお金のこと。「令和２年度工賃（賃金）の実績について」（厚生労働省）によると、就労継続支援Ｂ型事業所の平均工賃は、月額15,776 円となっている（https://www.mhlw.go.jp/content/12200000/000859590.pdf）。

*6 （一社）全国手をつなぐ育成会連合会「グループホーム等障害者関連施設建設をめぐる反対運動に関するアンケート調査」2020年11月（http://zen-iku.jp/wp-content/uploads/2020/12/201211gh.pdf）（閲覧日：2022年８月９日）

Hで生活していました。実際GH入居者の障害支援区分を調べた調査においても、多くの支援を要する人たちの入居割合が少なくなっています[*7]。GHはあっても、24時間サポートを必要とする人は住まいの場の選択肢が限定的なままでした。すなわち家族が自宅でサポートできなければ、「施設」しか選択できない状況があったということです[*8]。

その後私は病院に転職し、神経や筋肉に難病があると診断された人たちの入院する病棟で働きました。そこでも病院で長期療養をしている人たちにたくさん出会うことになったのです。身体に機能障害のある難病であっても、病状が安定していれば必ずしも入院していないといけないわけではありません。治療が必要なときだけ入院する人もいましたし、家族が休息をとるレスパイトケアで一時的に入院する人もいました。その一方で病状が安定していても、退院することが難しい人たちもたくさんいました。とくに呼吸、食事、排泄といった誰もが生活していく上で欠かせない活動で医療的ケアを要する人たちが、病院で長期療養していたように思います。

私がこれまで関わった人をみても、生活においてより多くのサポートを要する人たちが、地域で暮らしづらくなっているように思われます。その理由として、まず24時間誰かがそばにいて対応できる環境が必要であるということがあげられます。そうであるとするならば、本来24時間その人に必要なサポートができる体制を組めばよいだけともいえるでしょう。にも関わらず、フォーマルな社会資源を24時間利用することが難しい状況があります。現在は長時間見守りも含むサポートが行え

[*7] 区分認定調査結果では、最も支援が多く必要である障害支援区分6の認定を受けた割合が24.1%を占めている。他方、障害支援区分6の認定を受けたGH入居者は7.7%と2割近い差がある（前掲「グループホームを利用する障害者の生活実態に関する調査研究」）。

[*8] 1960年代以降、障害がある人たち自身の運動等もあって、ピアサポート、介助を受けて地域生活を送り始めていた人たちもいる。

る重度訪問介護というサービスもありますが、支給時間数が居住する自治体により大きな差があるとされるなど、課題は山積みのままです[*9]。

次に、日本の公的サービス支給量の決定システムにおいて、家族は「介護資源」とみなされることがあげられます[*10]。長期入院していた人たちの中にも、家族を思うがゆえに「迷惑をかけたくない」と、病院を選んでいた人もいたように思います。つまり家族がサポートできる場合はサービス受給量が削減される事態が起こるであろうと想定し、障害がある人自身の思い以外のところで、暮らしの場を決めてしまうことがあるということです。もしかしたら、「家族が介護・サポートするのは当たり前」と思う人もいるかもしれません。もちろん、「家族の介護をしたい」と思って介護する人もたくさんいます。それ自体が悪いことだと、私も思っているわけではありません。その一方で、家族の責務として介護に携わる人や、やりたいことを諦めて介護に時間を割く人もいるように思われます。家族として介護に従事した結果、人生・生活の選択肢が制限されている人はいないでしょうか。そこまではいわなくとも、のりしろと呼べるような活動や時間が持つ豊かさを切りつめていることもあるかもしれません。介護経験の意味づけは、家族介護者1人ひとりの語りからしかわかり得ず、私がその「意味」を語るべきではないと思います。

しかし、「家族介護」が美しい物語として私の前に顕現するときですら、余計なことと思いつつ、介護者の人生や生活に想いをめぐらせてしまう自分がいます。それは家族が大好きで介護している人であったとしても、介護者自身もその人らしく生きる権利の主体であると私が考えているからなのかもしれません。すなわち介護をしている人の「思い」はケアを

[*9] 前掲：山口未久・原田清美「重度訪問介護支給時間数の地域差に関する考察〜全国の重度訪問介護事業利用者への調査より〜」
[*10] 上野千鶴子『ケアの社会学 当事者主権の福祉社会へ』太田出版、2011年

されている家族の「思い」と異なる部分も当然あるのではないか、と勘繰ってしまうのだろうと思います。さらに言えば、私自身仕事で介護をしてきたからこそ、楽しさを感じる一方で、やっぱり１人だと大変なこともある、という実感があるからでもあります。

ここまで施設や病院という場から、地域に住まいを変えることすら、難しいままになってしまう人たちのことやその理由について、私の経験からみてきました。こうした経験を通じて、「障害」を機能障害のある個人とその家族のみが被っているのではないかと感じることが、私にはたびたびありました。

障害がある人たちの人権も、私たちと同じように尊重するのであれば、どんなに多くサポートが必要な状態にあっても、その人自身の思い・希望に基づいて、生活を継続できるように社会が変わっていくことが希求されているのではないでしょうか。１人暮らし、カップルでの生活、友だちとのルームシェアやＧＨなど、誰と暮らすかを考えることも大切です。一方、介護をしていると家具の配置、余暇時間の過ごし方、好む食べ物、必ずそばに置いておくものなど、生活する上で生じる細かな選択／その人の在り方もたくさんあることに気づかされます。こうしたその人の生活の小さなことにこそ、しみじみとその人らしさを感じられるという場面がたびたびありました。その人らしさとは、そういう小さなもの／ことにこそ宿るのではないかと感じることすらあります。

このように暮らし方はみんな違うという前提に立つとき、１人ひとりの暮らし方にあわせたサポートが提供できる／されるしくみに変えていくことが急務といえます。さらに家族介護規範から解放される必要もあると、私は思います。特定の「誰か」だけがサポートに携わることが想定されるのではなく、より柔軟にサポートしたり／されたりが循環する、そんな仕掛けがこれからの社会には必要なのではないでしょうか。

04_むすびにかえて

最初にお伝えしましたが、「障害」は機能障害がある個人ではなく、社会との相互作用における悪循環がもたらすものです。「障害を理由とする差別の解消の推進に関する法律」でも、個人と社会環境との悪循環の解消に向けて、すべての行政、事業者と市民の側が変わっていくことが要請されています。しかし、私には個人と社会との間に生じた悪循環による弊害が、機能障害のある個人とその関係者にのみ帰責されているように感じることが幾度もありました。とくに賃労働が難しい人たち、あるいは生活を営む上でサポートを多く要する人たちと社会との悪循環は、非常に顕著に思えます。その循環を少しでもよいものに変えていくためには、社会をつくっている私たち１人ひとりが少しずつ変わっていく必要があるのではないでしょうか。何ができるかを考え始めるために、まずは中野まこさん、川﨑良太さんの経験談に学ばせていただきましょう。

（延原稚枝）

2. 自立って何？

01_私の生い立ち

幼稚園のめいっ子を膝の上に抱っこしている筆者

「私には、筋肉の力がだんだん弱くなる病気があります。大根はかたくて切れないし、ペットボトルのキャップも開けられません。歩けないから車いすに乗っています。でもね、私のやりたいことをサポートしてくれる介助者がいて、街がバリアフリーになれば、私の『障害』はなくなります。」

　大学時代から続けている小中学校における福祉実践教室で、私の生活を子どもたちに伝えるときの言葉です。

　私はウルリッヒ型先天性筋ジストロフィーという難病のため、電動車いすを使用しながら重度訪問介護というヘルパー派遣制度を利用して、自立生活をしています。大学進学を機に地元山口県を離れ愛知県に来て、2021年の４月で12年目になりました。中学生まで実家で過ごし、高校は県内の特別支援学校高等部への進学を機に隣接する医療福祉施設に入所する形で３年間生活していました。親や先生、介助員等の身近な大人に、ある意味「守られた」生活を送っていたのだと思います。

　私が受けてきた教育は、インテグレーション教育*11とインクルーシブ教育の狭間であったように感じます。小学３年生までは特別支援学級で、小学４年生から中学卒業までは加配の先生がつきながら、通常学級で学びました。バリアだらけの学校は、車いすを使って移動する私に「同級生との違い」を感じさせるには容易いものでした。自由に移動できない……、委員会活動や生徒会活動に興味があっても、移動に制限があると「やりたい」と言えずにいました。

　また、母親の「まこの取り柄は勉強しかない」という言葉により「勉強ができなければみんなと同じ場所にはいられない」と思うようになり、勉強ができる自分に価値があると思っていました。大人になった今振り返ると、「特別支援学級に戻りたくない」と思っていた私は、特別支援学級という場所に対して差別的な思いがあったのではないかと思い

*11 合理的配慮（障害の社会モデルの視点から１人ひとりの困難さに向き合い、その人に必要なサポートを保障すること）が提供されずに、ただ「同じ場所で共に過ごす」ことに重きを置かれ、何もサポートがないままに教室で過ごすような状況。

ます。そして自分や他人に対して「できる／できない」で評価をしてしまうような優生思想が自分の中にもあると気づかされました。学力主義、能力主義の考え方にいまだに取りつかれている自分がいるのです。

勉強でしか価値がない私。誰かの助けがないと学校生活も送れない。先生や友だちに対しても何かを頼むことにしんどさを感じ、私のことを知っている人が誰もいないところに行きたい、実家からも離れたいという思いが募り、私は特別支援学校高等部への進学を自分で決めました。

02_管理された生活は、力を奪っていく

私のことを知っている人が誰もいない場所に行きたいと選んだ先が山口県内の特別支援学校高等部でした。入学と同時に学校に隣接する医療福祉施設に入所し、高校３年間を過ごしました。起きる時間も寝る時間も、食べるものも、入浴の回数も、生活のすべてを施設側が決めます。

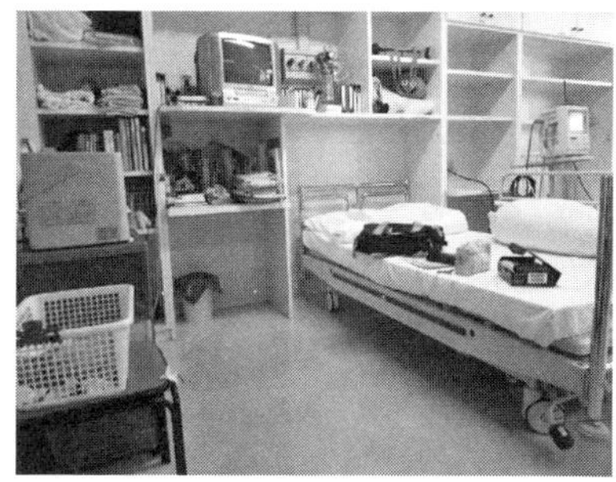

６人部屋の病室の自分のスペース。ベッドと床頭台、小さなテレビが置いてある。カーテンなどの仕切りはない。

その当時は「そういうものなんだな」と自分を納得させていましたが、この管理された３年間がその後の自立生活において、自分で選ぶ、自分で決める、決めたことに責任を持つということを難しくしていると気づきました。

また、学校と生活する場が１つの廊下でつながっているため、外出する機会がありませんでした。またインターネット環境も不十分で、外からの情報を得ることは難しく、テレビも年下の子に譲っていたので、高校生らしいものや流行のものがわからなくなりました。そのような環境により、のちに大学生になった私は同世代と過ごす中で、「何を話せば

盛り上がるのかわからない」「同世代と話すことが苦しい」と感じるようになってしまいました。

施設での生活の中でとくに、今になって「おかしい」と思うことがありました。異性介助です。私の性自認は女性です。しかし、トイレや入浴介助に当たり前のように男性職員が入ってきて介助を受けていたのです。当時は「障害があるから仕方がない」「女性職員だと介助の負担があるのだろう」と思い、「おかしい」と声をあげることはできませんでした。数か月して、同じ病室の小学生の女の子が「なんで男の人が入ってくるん？　おかしくない？」と言葉にしてくれたことで、私やその子が入浴するときだけは、男性職員は介助に入らないようになりました。

しかし、性について理解していないと思われている知的障害のある女性たちへの介助は、その後も男性職員によって平然と行われ続けていました。当時を振り返れば、このような経験から、「私には性がない」と思うようになったのだと感じます。たとえば性別が男と女の２つに分けられるとしたら、私はどちらにも属さず、「障害者」というカテゴリに入るのだと自分で決めつけていました。「誰からも女性として見られていないのではないか」という潜在意識により、着たい服を着たり、好きな髪型にしたり、おしゃれを通して自分を表現することに対して抵抗を感じてしまうようになったのだと思います。

03_ロールモデルに出会うということ

大学に行きたい、１人暮らしをしたい、と思うようになったのは、高校２年生のときに参加した障害のある高校生向けの大学体験プログラム（DO-IT Japan／東京大学先端科学技術研究センター・人間支援工学分野）がきっかけです。東京で４泊５日の間は、初対面の学生ボランティアさんに身の回りの介助をしてもらいます。１日目の入浴の際に、学生ボランティアさんに「どこから洗いますか？」と聞かれ、私は答えられませんでした。
今まで私は自分のことを周りの大人に任せていた／自分で考えるという機会を与えられてこなかったのだと気づきました。自分のことなのに答えられないというのは恥ずかしいことなのだと、そのとき初めて気づきました。
大学体験プログラムでは、私と同じ難病で、24時間人工呼吸器を使用しながら、重度訪問介護を利用して１人暮らしをしつつ大学生活を送っている先輩に出会いました。自分よりも重度の障害のある人が１人暮らしをしながら大学に通っているということを知り、私も１人暮らしができるかもしれない、と思えるようになったのです。こういった自分と同じような障害のある先輩（ロールモデル）に出会うことは、自分の将来の生活をイメージするために必要なことだと感じます。
もともと私の親は実家から大学に通うと思っていたので、愛知県の大学に行きたいと伝えたときは驚いていました。しかし、学びたいことがあること、１人暮らしをしたい思いを伝えると、「お金の支援はするから、１人暮らしの準備も大学とのやりとりも、全部自分でしなさい」と背中を押してくれました。
いちばん大変だったことは主治医を説得することでした。私が自立生活を送るために必要な障害福祉サービスの１つである重度訪問介護は、夜間も含めた見守り支援があり、人工呼吸器への対応も私の指示のもと介助ができること、万が一の場合に備えて入院の受け入れができる病院ともつながれたことなど、１人暮らしの環境を整備したことを伝えると、主治医も応援してくれるようになりました。
通常の学校で過ごしていた中学生までの私は、障害のない同級生との違いを感じ、「自分の取り柄は勉強しかない」と思って自分のことを好きになれませんでした。しかし、特別支援学校高等部で３年間過ごし、それまで経験したくてもできなかった委員会活動や生徒会活動に関わったり、小学部・中学部の障害のある友だちと一緒に過ごす中で、それまで感じることができなかった「障害のある自分でもいろいろな可能性がある」という感覚を何度も味わい、自己肯定感が上がったように感じます。

特別支援学校は外とのつながりが希薄で人間関係もかぎられる環境ではありましたが、当時の私にとっては必要な学びの場でした。このように私の場合は特別支援学校という選択をしましたが、本来であれば、自分の生まれ育った地域の高校で地元の友だちと過ごしながら、自分の存在が認められ、さまざまな経験ができる環境があるべきです。基礎的環境整備（学校のバリアフリーなど）と合理的配慮の提供が当たり前となり、さまざまな子どもが学んでいるということを前提に、通常の学校を改革していく、インクルーシブ教育の実現を切に願います。

04_自立生活って何？—「守られた環境」からの解放

「守られた生活」「管理された生活」の対極にあるものは、自分の生活に関して自分がリーダーシップを取れることだと思います。

私たちは毎日の生活の中で何百回もの選択や決定をし、ときには失敗もしています。しかし障害者であるということで、選ぶこと、決めること、決めたことに責任を持つことを経験できずにいる人が多くいるのではないでしょうか。私もその1人です。着たい服を着るのではなく、介助しやすい服を着る。長い髪の毛は乾かすのに時間がかかるから短くする。ベッドへの移乗が自分ではできないから、起きる時間も寝る時間も親の顔色を見なければいけない。1人で電動車いすで出かけたいと思っても、「危ない」と心配する親の気持ちが見えて踏み出せない……病院や施設での生活であれば、これ以上に管理された生活になっていることでしょう。

愛知県の大学への進学を機に重度訪問介護を利用して１人暮らしをし始めて、それまでできなかった夜更かしやヘアアレンジ、好きな服を着ることができるようになりました。もちろん、体を洗う順番もきちんと介助者に伝えられるようになりました。

ライブ前に友人とライブTシャツを身にまとい、グッズのタオルを広げて記念撮影（筆者左）

たくさんの失敗もしました。身の危険を感じるようなこともありましたが、その失敗さえも新鮮でした。自分の生活を自分でつくっているという感覚は、私を生活の主体者であると感じさせてくれるのです。

05_自立とは依存先を増やすこと

私は現在、障害者が主体となって自立支援や権利擁護等を行う自立生活センターで活動しています。その中でさまざまな親子関係を見てきました。それは私の親子関係を振り返るきっかけにもなっています。

親が子どもを囲ってしまうことは、障害のある子どもだけにかぎりません。しかしどうしても、健常の子どもと比べると、親と障害のある子どもの結びつきは強くなってしまうのではないでしょうか。

たとえば、健常の子どもは、大きくなるにつれて養育者以外の依存先（学校、遊びの場、働く場……）がだんだん増えていき分散化されていきます。依存先が増えると、１つの依存先で支配されそうになっても、ほかの依存先があるから、関係を切っても生きていけます。

しかし、障害のある子どもは依存先を増やすプロセスが難しいのではないでしょうか。頼れる場所、資源が少なすぎるのです。親が悪いということではなく、親と障害のある子どもの結びつきを強くしている社会の構造が原因なのです。家族介護が当たり前だという風潮や、福祉サービスや地域の資源とのつながりにくさなどから、第三者、第３の場との関係が希薄になってしまいがちです。

私自身、母親との関係性がしんどいと感じるときがありました。身の回りのことに介助を必要とする私は、介助を担う母親に対して逆らうことはできませんでした。

「こんなことを言ったらトイレに行かせてもらえないかもしれない」

「施設に入れるよと言われたらどうしよう」

そんな思いがあり、言いたいことがあっても言えずにいました。しかし母自身もしんどさを抱えていたのだろうと、今ならわかります。

山口県と愛知県は物理的に距離が離れています。私に何かあったときにすぐに駆け付けられる距離ではなくなりました。そこで少し親も諦めがついたのでしょう。同居していたときは、つねに私の行動を心配しては求めていない言葉をかけられていましたが、自立してからは連絡も年に数回しか入らなくなりました。第三者の介助を受けながら生活することで、親との関係も少しずつ変化してきたように思います。

自身も車いすユーザーである東京大学の熊谷晋一郎先生は「自立とは依存先を増やすこと」と提言されています[*12]。「自立」の対義語は「依存」だと辞書には書かれています。健常者は自立しているから、依存はしていない、と一般的に思われているかもしれませんが、実は健常者の依存先はたくさんあると熊谷先生自身、東日本大震災の避難体験からおっしゃっていました（避難するとき、電動車いすユーザーはエレベーターしか移動手段がないが、エレベーターが緊急停止した場合、人力で抱えてもらうしかない。健常者の場合、エレベーターが使えなくても、階段や綱などほかの手段（＝

[*12] 全国大学生活協同組合連合会インタビューより（https://www.univcoop.or.jp/parents/kyosai/parents_guide01.html）

依存先）を使って避難することができるだろう）。

自立生活センターでは、障害のある人の自立は、「自己選択（自分で選ぶ）」、「自己決定（自分で決める）」、「自己責任（決めたことに責任を持つ）」という言葉で表現されます。近年は、知的障害や精神障害等の重度の障害がある人たちの自立についても議論されており、上記の３つに加えて、「障害特性や社会からの抑圧により自分ひとりで決めることが苦手な人も、成功や失敗を積み重ねる機会が奪われることなく、仲間や支援者とともに、選んで、決めて、人生に責任を持って社会参加していくこと」も自立であるというふうに伝えられています（全国自立生活センター協議会ホームページ（http://www.j-il.jp/about-rinen））。

私たちは、さまざまな人とつながり、今ある資源を活用し、足りないものは必要だと声をあげていく……素晴らしい力を持っています。どんなに重度の障害があっても、生活の主体者として生活していけるのです。自立生活センターに出会い、自立の理念を知ったとき、私がこれまで諦めていたことを、介助者のサポートを受けながら実現してもよいのだと感じ、とても救われました。

06_差別に気づくこと、社会を変えるということ

自立生活を始めて、社会の中にはさまざまな差別があることに気づきました。社会に出なければ気づけない感覚です。私は通勤に電車を使っています。就職する日の前日に通勤路を確認するために電車に乗りました。「明日から通勤のために電車に乗ります。よろしくお願いします」と駅員さんに挨拶をしました。すると駅員さんは口には出しませんが、「えっ」という表情をされたのです。私が乗るのは朝の通勤ラッシュの時間帯です。車いすユーザーが電車を利用する際、ホームと電車の段差を解消するために駅員さんにスロープを置いてもらう必要があります。

朝のお客さんが多い通勤ラッシュ時に、煩わしさを感じたのかもしれません。

障害のある人が公共交通機関を利用し、働きに行くことが当たり前の風景ではなかったのでしょう。出勤時間は決まっているので、時間は変えず、自分の希望の時間で毎日通勤し始めました。「電車の時間を少しずらすことは可能でしょうか」とその後も言われたことはありましたが、私は諦めずに毎日同じ時間で通勤をしました。今では、私が電車に乗る風景は駅員さんやほかの乗客の方にも当たり前の風景となったのか、「おはよう」と駅員さんから声がかかるようになったり、乗客の方も私が入るスペースを空けてくださるようになりました。「社会を変える」というと少し大きなことに聞こえるかもしれませんが、障害のある人が社会に出るだけで、周りの環境を変えていける、ということを実感しました。

自立生活を通して、私はさまざまな力を、経験を、人間関係を取り戻すことができました。誰とどこでどう暮らすか。障害の有無に関わらず、選べることが当たり前になることを目指して、私の活動はこれからも続きます。

（中野まこ）

3. 自立生活のよさを実感するのは過去の体験から

自立生活とはどんなに重度の障害があっても自分らしく地域で生活をしていくことです。私はそんな生活を始めて13年ほどになります。自立生活のこと、そしてそのよさを皆さんに知ってもらうためには、私の過去を知ってもらう必要があると感じております。一障害者の人生を覗き見る感覚でお読みください。

01_私の生い立ち

鹿児島県曽於市大隅町という田畑に囲まれ、畜産で有名な地方で私は、会社員の父、専業主婦の母親のもとで生まれました。兄弟は姉と弟、よく喧嘩もするけれど仲良く暮らしておりました。雑種の犬を飼っていたこともありました。名前は「サリー」、「魔法使いサリー」がアニメで放映されていたそんな頃。サリーは外犬でしたので、私の車椅子を警戒しつつも、少しだけ動く手や足をペロペロと可愛く舐めてくれたものでした。

そう、私は車椅子に乗っています。生まれつき脊髄性筋萎縮症という神経筋疾患を持っていたのです。脊髄性筋萎縮症とは、神経系の難病で発症割合は10万人に1人といわれています。症状としては全身の筋力が、徐々に衰えていくというもので、最終的には呼吸をする筋力も衰えていくため、人工呼吸器を装着します。私も現在は就寝時のみ着用をしております。そんな障害を持った私は元気に生まれ、異変を感じたのは一般的に子どもが歩き始める頃でした。専門の病院に行くと、「この子は一生歩けないよ」とドクターに告げられた母はしばらく落ち込んでいたようです。

しかし、私は思いの外すくすくと育ちました。すくすくと育ちながら、かわいがられながら物心ついてきた私はこの幼少期に2つの疑問、違和感を感じていました。

地域の保育園に通い、先生たちにトイレ介助をしてもらいながらの生活。友だちもたくさんでき、仲よく遊んでいました。ですが、お昼ご飯を食べたあと、私は職員室で寝かされていました。外で遊ぶ友だちを眺めながら「なんで自分は寝かされているのだろう」と思っていました。

これが１つ目の違和感でした。

２つ目はすぐにやってきます。それは小学校入学に関する問題でした。就学前健診が近い頃、ある晴れた昼下がりに私は居間の椅子に座りながら母親と話をしていました。母親は私に背を向けながら「良太、小学校どうしたい？」と聞いてきたのです。

私は当然、同じ保育所の友だちと通うとばかり思っておりましたので「ひろと君と同じ学校行くよ？」と無邪気に答えていたことを思い出します。それはいわゆる、普通学校の普通学級を指していました。

インクルーシブ教育という言葉がまだ一般的ではない時代の話ですから、母は「相当無茶なことを言う人」と捉えられたのかもしれませんが、家族の想いと私の想いは一致しており、ここから戦いが始まりました。

まずは、校長先生、教頭先生と両親、そして私での話し合いが行われました。校長室の茶色い少し硬い椅子に座りながら私はニコニコしていたと思います。隣では母が前のめりになりながら話をしている様子を眺めていました。まるで他人事です。何度かその話し合いが行われたあと、その町の文化会館を会場として私と母、教育委員会の方と話し合いがありました。

この三者での話はほとんど覚えていませんが、私はこの後、母と引き離され教育委員会の方と２人きりになりました。ここでの記憶は鮮明に覚えています。教育委員会の方はこう言いました。

「良太君はどうしてこの普通学校に通いたいのかな？」

と。眼鏡の奥が笑っていなかった。と今になれば思うのですが、当時の私はまたも無邪気に「ひろと君と一緒がいいから」と返答していました。この質問にどんな意図があったのでしょうか。もし、はっきりと答えられなかったり、どちらでも構わないというような態度を示していたらどうなっていたのでしょうか。同じ地域で育ち仲よくなった友だちと同じ学校に行けず、特別支援学校も実家からは遠くて通えず、施設に通いながら学校に通うということもあり得たかもしれません。それを否定はしませんが、今の成人している私を形づくっているのはこのとき、ほかの人と変わらない同じ幼少期を過ごせたからだと思っております。

この予期せぬ質問は今になっても鮮明に覚えています。それだけ自分の中に、引っ掛かりやとげがある感じです。

02_入学と周囲の変化

さて、このような経緯をたどって、なんとか普通学校の道が切り開かれた私でしたが、そこには大きな大きな条件がありました。「母親が学校につねに付き添うこと」でした。この条件を受け入れなければ、希望する学校へ通うことはできなかったのです。

母はそれを受け入れ、親子２人３脚の学校生活が始まりました。しかしながら、つねに母親が一緒にいるということはあまり具合のいいことではありません。子どもとしては毎日授業参観、担任の先生からしたらつねに授業を見られているという緊張感があります。三者三様思うところはあったようですが、それに抗うこともできず、学校生活は進んでいきました。その後、先生方の理解を得ることができていき、母は空き教室で待機をさせてもらえるようになりました。これはほかならぬ、先生や学校が障害者に慣れてきたということだと私は感じています。

入学前はまさしく、異物や腫れ物を触るような態度で接してこられていましたが、日が経つにつれて「なんだ、たいして問題は起こらないではないか」というよい意味で楽天的に考えてもらえたのだということです。この“慣れ”という部分。成人してから感じたことが大きく２つあります。１つは、日常に車いすユーザーがいることに慣れているという大切さ、もう１つは、分母を増やしていくことの大切さです。

さて、皆さんに質問です。

休日のショッピングセンターで買い物をしているときに電動車椅子に乗った人がそばを通り過ぎるとどのような反応を示しますか？

・気にせず通り過ぎる

・チラッと見てしまう

恐らく後者を選ぶ方が読者の中にも多いのではないでしょうか？　実は私も同じです。ショッピングセンターの中をローラースケートで走りながら買い物をしている人がいたとすれば、条件反射的に目を奪われてしまうでしょう。そんな感覚です。

私は前述したように、壁はありながらも普通学校に通うことができました。そうして同級生と勉強や遊びを共にすることができたのです。保育園時代を含めると11年ほど共に過ごした学友からしたら、私の存在は物珍しいものでもなんでもなく、当たり前の日常としてそこに存在しているものでした。ですから、私が廊下をつぅーっと通り過ぎても側にいる同級生は私に目もくれずおしゃべりに夢中です。また電車通勤をしている際も同じ状態になりました。同じ時刻、同じ車両に毎日乗る私に対してほかのお客さんは一瞥もくれません。スマホや読書、車窓を眺めています。そんなふうに、時間や頻度が多ければ多いほど、多様性やインクルーシブ等考える暇もなく、それが日常化してくる、という体験でした。

きっと私の同級生は街に電動車椅子の人がいても、特段の興味も示さず、日常にあり得る風景として、流れていくのだと思います。そんな状態の人を、分母を増やしていけることが障害者や多様なニーズを抱えた人を「異質な人」や「特別な配慮をしてあげないといけない人」という認識から取り払える1つのヒントではないかと考えるのと同時に、やはり学校生活と社会生活、そして社会形成は地続きになっているのではないでしょうか。

03_障害者になった高校時代

さて、私は中学を卒業後は強い自立心を胸に、親元を離れ実家から1時間半ほど離れた特別支援学校に通うことを決めました。その学校に通うためには実質入院しなければいけなかったため、15歳で実家での生活を終えることになりました。入院を目前に控えた見学の日、私は愕然としました。入浴は、まさに魚を洗う市場のような状態で、たくさんの患者さんが並べられて、大勢のスタッフが流れ作業で体を洗い、浴槽に入れていき、上がったあとの着替えも洋服を選ぶこともなく、あっという間に着せられて、息つく間もなく廊下に出されます。

そんなお風呂時間を見学し、次に案内されたのはトイレでした。そのトイレは廊下に面していて、仕切りはなんとカーテン1枚。試しに座ってみましたが､すぐそこには看護師さんの足音が聞こえて気になります。何より最もプライベートな空間であるはずのトイレが廊下で、なおかつカーテンでのみ仕切られているという状況にうろたえました。

私はここで初めて、自分が“障害者である”ということに気づかされます。時間を管理され､自分の排泄音も人に聞かれてしまう､プライバシーがない存在なのだと実感しました。それまでは母親の介助に頼っていたのですが、いろいろな人に介助を受けることになること、そして介助をしてもらう側としては仕方がないことなのだと言い聞かせて入学、入院をしました。

病院での生活は、楽しい一面もありました。私の病棟には同級生や年の近い友だちが数人おり､電動車椅子で病棟を走り回ったり､テレビゲームをしたりと楽しんでおりました。

そこで印象的なエピソードがあります。病棟敷地内で開催された秋祭りに参加したときのこと。私は友だちと出店を回ったり、ハッピを着た職員さんと話をし、バンド演奏をしているステージを見たりと自由に動き回っていました。

一方、私の地元では毎年秋に弥五郎どん祭りという鹿児島県下３大祭りといわれている大きな祭りが開催されており、その祭りには毎年親に車椅子を押してもらって参加していたのです。この２つを比べたときにハッとしました。規模は比べ物にならないほど、後者のお祭りのほうが大きく催し物としてはスケールがまったく違います。しかし、私は病棟で開催された小さな小さなお祭りのほうがはるかに楽しく思い出に残っていたのです。それはまさしく自由度の違いでした。

自分で動いて、自分の思った通りに遊んだり人と話をしたりすることができること。これは生まれたときから障害を持っている私にとっては、かけがえのない幸せな瞬間です。友だちが遊びに来てくれるのを待つ、与えられたゲーム機で遊ぶことしかできない。そんな狭い空間の中で生きてきた自分にとっては、それは小さな小さなお祭りであったとしても人生で初めて自由を感じられたときでした。

このように喜びを感じることもありましたが、そのほかの生活は前述したように、制約され管理されていました。入浴やトイレの場所については述べましたが、いちばん辛かったことはトイレをしたい気持ちに蓋をされることでした。ふとしたときに、トイレをしたいなぁと思い、それを看護師さんに伝え介助をお願いすると、「なんで今なの？」や「さっきもしたでしょ？」というように、不機嫌に介助されることが多かったのです。

これはまさにこの病棟だけで起きていることではなく、障害者、とりわけ自分で排泄することが困難な障害者にとってはよくある、あるある話でもあります。トイレをお願いする人がいない、もしくはお願いをしても嫌な態度を取られることが多いため、私たちはよく水分制限をします。

日常生活において、そして生理現象を制限されるということはとても辛く言葉に表せないものがあります。楽しい側面もあった病棟生活ですが、やはり本質的に尊厳が認められていないと感じられ、私は退院への思いが日に日に強くなっていきました。これものちのちの自立生活へつながるきっかけにもなっていくのでした。

04_働ければそれでいいの？

こうして、高校時代を入院生活で過ごし障害者としての自覚（いろいろな制約がある中で我慢しなければいけないという状況、環境がある）を得た私でしたが、まだ社会への憧れのようなものも同時にありました。社会へ出て、健常者と同じようにフルタイムで働き収入を得て、自立生活をしたいという気持ちです。

特別支援学校からの後押しもあり、高齢者施設への就職が決まった私は、進行していく障害の中、精一杯働いていました。

それに加えて、１人暮らしも並行して始めましたが、当時は障害福祉制度に疎く、１日４時間の訪問介護しか受けておらず、身体は日に日にボロボロになっていきました。

私は夜中に体位交換（寝返り）介助が必要なのですが、このときはその介助が使えず、ほとんど寝不足状態でした。加えて高校時代にも問題を抱えていた排泄介助ですが、就職時も大きな課題となりました。つねにヘルパーさんがいるわけではないですから、もよおしたら手が空いている先輩職員さんに介助を依頼します。しかし、たまたま頼めない時間が続き、どうしても我慢できなくなり、失禁したことが３回ほどありました。働き、お金を稼ぎ、自分の収入でほしいものを得る。生計を立てる。これを実践できていた私は自分のことを誇らしく思っていましたが、それはあくまでも収入を得る、という行為だけを選び取ったもので、実は人間の本質的な欲求を満たすことを疎かにしなければ、得ることができないものでした。

そして、働いている、働けている障害を持った方もかなりの割合で働くことと人間的な暮らしを天秤にかけ、仕事に比重を置くのではないでしょうか。

それは障害があっても働けるのはすごいこと。という世間の見方もあるでしょうし、自分たち自身も社会のその見方に合わせて必要以上に体を酷使してしまうのだと感じています。

そのような思いに突き動かされた結果、私は２年間の勤務で体を壊し退職の道を選びましたが、ここで得た教訓は、自分がこの人生でするべきことは何なのかを考えるということでした。

重度の障害を持ちながら地域の中で生きていくということは、仮に私が運よく就職ができ、収入を得ることもでき、適切な介助時間がもらえていれば可能だったかもしれません。しかし、それは偶然が重なっただけでラッキー！　ではいけません。ほかにも同じように障害を持ちながら地域で生きたいと願う人たちはたくさんいます。そしてその願いは決してわがままなことではなく、ごくごく当たり前で人間的な生活の一部であるということは事実です。

私が仕事を辞めたのは20歳のときでした。障害を持っていてもほかの人と変わらず同じように、自分の人生を自分らしく生きていい。自分の中に幸せを見つけて、楽しく暮らして生きていいんだということに、挫折や尊厳を傷つけられながら、私は気づけましたが、もっとたくさんの障害を持った人に気づいてもらえたら、そんな幸せなことはないと思っています。

05_自立生活の開始。できないことはしてもらう

さて、ここまで大変長くかかりましたが、本文冒頭でお話しした自立生活についてです。仕事を辞め、その後鹿児島県にある自立生活センターてくてく（現在の活動先）の支援を受け、地域で重度訪問介護を利用しつつ生活を始めることにしました。

それまでずっと介護は受けるもの、与えられるものとの認識しかなかった私にとって、介助を管理するというのはとても新鮮かつ戸惑うものでありました。

ＣＩＬ（Center for Independent Living：自立生活センター）の考え方の１つに、障害者は介助者の雇用主という立場をとるというものがあります。自己選択、自己決定、自己責任という理念をお互いに守ることによって、障害者が地域の中で自分らしく生きるための礎のようになっているものでもあります。

雇用主といっても何でもかんでも好き勝手していいというわけではなく、自分の介助者を従業員だと思い、大切に関係をつくっていき得意不得意を認めて、補い合いながら一緒に地域での生活をつくっていくという感覚です。もちろん障害者が自分らしく生活するためには、その障害者自らが、さまざまなことを考え、感じ実践していくこと、その中にうまくいくことや失敗することもあるのですが、それらを含めて人生経験を積み重ねていくことでよりよい生活を築いていけることになります。

06_失敗の尊さ

ここまで私のヒストリーをお読みいただいたわけですが、障害者とし

ての苦楽を経験してきてはいるものの、健常者が子どもの頃から経験をする日常生活での出来事や失敗をすることもなく、成人を迎えています。たとえば料理ひとつとってもそうで、小さい頃から家族の手伝いで目玉焼きや卵焼きをつくったりしていれば、大人になっても自然とそれができるようになります。もしくはつくり方がよくわからなくても、焦がしたり生焼けだったりしても、次はそうならないように生かせるわけですが、障害者はその失敗をする手前で“危ないから”や“やってもできないと思うよ”と止められてしまい、失敗をする経験を奪われてしまっているのです。

ですから、私も自立生活を始めてから小さいことから大きなことまで失敗をしてきました。そのいくつかを紹介します。

ご飯黒焦げ事件

自立生活開始間もない頃、お茶碗に入ったご飯を温めようと思い、ヘルパーさんに指示を出します。

ヘルパーさん「何分温めますか？」

私「う〜ん、５分でお願いします」

４分後……レンジが赤く光りながら、上部から黒々とした煙がもくもくと上がってきました。慌てたヘルパーさんがすぐにレンジを止め、ことなきを得ましたが、これ以降細心の注意を払い、温める分数をよく考えるようになりました。

飛行機事件

自立生活センターは全国に120か所ほどあり、連携を取りながら、さまざまな研修会や勉強会を行っています。その１つに参加し、鹿児島から東京で学びを深めたあと、いざ帰路です。西新宿から羽田まで1時間あれば余裕だろうと考えていたのですが、東京の参加者に聞くと「絶対無理だよ、それは……」と若干ですが引き気味に返答をされます。とはいうものの行ってみないとわかりません。

というわけで、ヘルパーさんと共に走る走る。何とか搭乗30分前に到着、これならギリギリ搭乗手続きに滑り込めるでしょうと案内の方にお願いすると、「申し上げにくいのですが、お客様の搭乗口は第２ターミナルとなっておりまして、こちらは第１ターミナルでございます」。

この言葉を聞いたか否かで、すぐ走り始めましたが、到底間に合うわけもなく、それが最終便だったこともあり、東京に延泊となりました。これは、経験があれば防げたのか？　と言われれば疑問も残ります（下調べが苦手な私の性格も影響してある可能性もあります）が、これ以降、乗り遅れていないということは、この経験が活きているということでしょう。

このように、小さいことから大きなことまでいろいろな失敗や経験をしながら、自立生活は育まれていきます。流石に飛行機に乗り遅れヘルパーさんに迷惑をかけてしまったときは平謝り状態でしたが、それでも一緒に失敗を受け止めてくれる人がいて、それで安心して失敗することができるという状態は、経験を実質的に奪われてきている私たちにとっては非常に大切なことです。

07_悩みながら笑いながら、自分らしさを探す旅

私は、自立生活を続けて11年目に、人生の伴侶に出会い、結婚をしています。幸せの形は人それぞれであり、どんな環境でもその人がその中で喜びや楽しみを見つけられればいいなと思っています。それが数ある選択肢の中から選び取れる状態ならいいのですが、これまで述べてきたように障害があると選択肢がかなり絞られて目の前に置かれるかもしくは、ない場合が少なくありません。そしてその選択肢は、子どもの頃

からさまざまなことを経験しているか否かでもさらに変化してくるものでもあります。

自立生活は楽しいことばかりではなく、辛いことや苦しいこともたくさんあります。むしろそちらのほうが多いのかもしれません。ですが、そんなことを通して悩める人生は素敵だし成長できるのではないでしょうか。地域で生きること、そんな極当たり前のことを頑張らなくても享受できる日が来ますように、そしてそんな日がすぐに来なくても、障害があってもたくさんの経験や失敗、成功体験ができるような学生生活が送れますように。祈りながら願いながら行動していきたいと思います。

電動車椅子に乗る筆者の右側に妻が腰かけ、後方には息子が乗っている。３人とも笑顔

本章（時限）をお読みになってくださってありがとうございました。自立生活に興味を持たれた方はぜひ各地域のＣＩＬへコンタクトを取られてみてください。そこには地域で生きる、自分らしい障害者の生活が見えてきますよ。

（川﨑良太）

Work リフレクションワーク

リフレクションのための問い

誰もが自分の住み慣れた地域で過ごせることを阻む原因はなんだと思いますか。

障害のある人の地域での暮らしを当たり前にするために、教育が担える役割はなんだと思いますか。

「自立」とはどういうことだと思いますか。

| Books | おすすめ書籍・教材

障害のある人の地域での子育てについても知りたい方へ

『ママは身長100cm』
伊是名夏子著、ディスカヴァー・トゥエンティワン、2019年

『施設』についてさまざまな視点から考えたい方へ

『施設とは何か　ライフストーリーから読み解く障害とケア』
麦倉泰子著、生活書院、2019年

障害のある人をめぐる「差別」について、
歴史的な経緯も含めて学び始めたい方へ

『障害者差別を問いなおす』
荒井裕樹著、筑摩書房、2020年

（延原）

子どもたちへ（合理的配慮、人権、社会モデルについて、
やさしい言葉で書かれています。）

**『わたしが障害者じゃなくなる日　難病で動けなくても
ふつうに生きられる世の中のつくりかた』**
海老原宏美著、旬報社、2019年

障害者の自立生活運動について知りたい方へ
（そして今もなおさまざまな場面で戦っている皆さんへ）

『わたしが人間であるために　障害者の公民権運動を闘った「私たち」の物語』

ジュディス・ヒューマン著、現代書館、2021年

「思いやり」や「心のバリアフリー」などに
疑問を持っている方やそれが必要だと思っている方へ

『尊厳なきバリアフリー　「心・やさしさ・思いやり」に異議あり！』

川内美彦著、現代書館、2021年

（中野）

本を読み直すのが苦手な方でもおすすめ
（一読で当事者との向き合い方が変わります。）

『こんな夜更けにバナナかよ　筋ジス・鹿野靖明とボランティアたち』

渡辺一史著、文藝春秋、2013年

『まぁ、空気でも吸って　人と社会:人工呼吸器の風がつなぐもの（増補新装版）』

海老原宏美・海老原けえ子著、現代書館、2022年

（川﨑）

Column 1

学び直そう！『人権』ってどういう意味？

「**親ガチャ**」という言葉があります。カプセル入りのおもちゃが無作為に出てくる「ガチャガチャ」にたとえて、「生まれてきた環境によって人生が大きく左右される」「子は親を選べない」といった意味の、元はネットスラングだった言葉です。「自分は親ガチャにはずれた」と言っている人がいたら、その人は家庭内での虐待や、経済的な苦労を経験した人かもしれません。

「人権」って何？　と問われたら、あなたはどう説明しますか。教科書的には「誰でも生まれながらに持っている権利」とか、「人が生きていく上で不可欠なもの。水や空気と同じ」などと説明されます。ですが、それらを絵空事や建前と感じている人も多いようです。だって現実は、「親ガチャ」のような不平等に満ちているのだから……。

では、「人権」は何のためにあるのでしょう？

人も国も間違うから「最低ライン（基準）」を定めた

私は人権*1を、「人が理不尽にひどい扱いを受けなくてすむよう、最低限これだけは守られるべき、というラインを定めなくては」と考えた人たちによる発明品だと思っています。水や空気ではなく、現実に人間や国家が起こしてしまったこと（例：餓死、偏見を利用した戦争、奴隷労働、意見の違う人を投獄）を反省し、そういうことを防ぐために、具体的に「誰でも守られるべき権利」の一覧表を、知恵を絞って決めてきたのです。

つまり人権は、「人はひどい扱いを受けるべきじゃない」という倫理観から出発したものですが、ある人が置かれている状況を他者が判断する「**基準**」という性格があります。基準に照らして、「権利が侵害されている」とわかれば、それが救済されるような「**手はず」として法律や制度をつくる**ようにしてきたのです。

子どもを叩く親が「これは愛情ゆえのしつけである」と主張したとしても、人権という基準に照らせばアウトですから、子どもは保護されます。性差別的な規範（例：女性は親になれば育児を最優先すべき）も、人権という基準から問題視することができます。

1948年に決められた「世界人権宣言」は、史上初めて「世界中のすべての人」にとって守られるべき最低ラインを定めたものでした。そこで、「**国がやってはいけないこと**（例：信教の自由の弾圧）」と**国がやるべきこと**（例：教育、最低限の生活保障）」が定められました。こうした国際的な基準があることは、それぞれの国での人権保障に影響を与えています[*2]。

[*1] 「人権」と「権利」の違いについて：「人権」は「1人ひとりが持っている権利のかたまり、権利の一覧表」です。私の友人である阿久澤麻理子さんはよく、「権利は、**ひとつふたつみっつと数えられるもの。**人権（Human Rights）は複数形だ」と言っています。人の権利（Right）が束になったもの、一覧表になったものが「人権（Rights）」というわけです。ともすれば抽象的な道徳と混同されますが、数えることができるほど具体的なものなのだ、ということです。

「自分の人権」を知ることの大切さ

日本社会では、人権を「誰かの人権を守りましょう」という道徳であるかのように思っている人が多いです。それと同時に、「権利を主張する」という言葉は、「正当なこと」というよりは、「わがまま、クレーマー」といったニュアンスを帯びて語られがちです。

なぜ人権がそんなふうに歪んだ捉えられ方をしているのでしょうか。これは「自分はどんな権利を持っているか」を教えられてこなかったことも、１つの要因だと私は考えます。

たとえば「子どもの権利条約」は、子どもが守られるべき権利が包括的に書かれています。虐待されないことも、十分なご飯も、意見を聞いてもらうことも権利です。自分が大切にされているかどうかをチェックする「基準」になりますが、日本の学校ではなぜかあまり教えられていません。学校の先生の中に、「子どもの権利」を教えたら子どもが無茶なことを主張しだすのではないか？　という恐れがあるのでしょうか。

もしかしたら先生自身が、１人の人間として／労働者としての「自分の権利」をきちんと学ぶ機会が持ててこなかったのかもしれません。

*2 人権は時代と共に進化もしています。1948年の世界人権宣言の後に「子どもの権利条約（1989）」や「障害者権利条約（2006）」がつくられてきたのは、従来の人権だけでは子どもや障害者の権利が守られないことが明らかになり、新しい一覧表をつくる必要があったからです。Nothing about us, without us!（私たち抜きで私たちのことを決めないで）が、障害者権利条約をつくるときのスローガンでした。障害のある人の意見が取り入れられてこなかったことを反省し、多様な障害者が参加した上で話し合い、たとえば「ずっと病院や施設で生活することを強いられてはならない」などの新たな「権利」を生みだしました。「権利の一覧表」はアップデートし続ける必要があるものなのです。

「親ガチャ」であきらめなくていい社会

冒頭の「親ガチャ」の話に戻りましょう。10代のＡさんが「家が貧乏なせいで、進学は無理。親ガチャにはずれた」と話していたとしましょう。

Ａさんに「逆境にめげずに努力すべき」などと励ますのは、人権の考え方ではありません。Ａさんは、しんどい気持ちを信頼できる大人に聞いてもらう権利があるし、進学したいのであれば奨学金などの制度を使って後押ししてもらう権利があるのです。

「親ガチャ」という言葉には、現実にある不平等を「個人の問題（不運）」にしようとするニュアンスがあります。人権は、それに対して「待った」をかけます。どんな家族のもとに生まれても、どんな性的指向や性自認であっても、海外にルーツがあっても、どんな障害や病気を持っていても、守られるべき人権の基準がある――そういう信念によって、人権は議論され、具体的に基準が定められてきました。「親ガチャ」「〇〇ガチャ」で決まらない社会をめざしてきた、ということです。自分の人権が守られていないと感じれば、「助けてほしい」と声をあげていい。解決の方法は必ずある、というメッセージを人権は持っているのです。

（松波めぐみ）

第２限

貧困状態にある子どものことについて学ぼう

1. インクルーシブな社会は貧困を決して容認しない

皆さんは「子どもの貧困」という言葉から、何を思い浮かべますか？先進国の一員であり経済的に豊かだとされてきた日本において、政府がはじめて「子どもの貧困率」を正式に発表したのが2009年です。現在の日本社会には、親世代の貧困のために教育を受ける機会から排除される子どもたちや、非正規雇用で社会保険に加入できない若者、権利として保障されているはずの生活保護を利用できないでいる人、地域の中で孤立し困窮する外国人労働者家族といった、困難を抱え社会的に排除されている人々が多く存在し、深刻な社会問題となっています。

私は社会人を経験したあとに、現在は通信制大学の社会福祉学部に在籍し、社会福祉士の資格取得を目指す学生です。貧困や社会的孤立、虐待、介護問題などの社会問題や、病気や障害、子育てをはじめ、なんらかの生活のしづらさを抱えた人々に対する支援の方法について学んでいます。

この時間は子どもの貧困問題と、貧困を生み出している社会のあり方について、皆さんと一緒に考えていきたいと思います。

01_貧困の捉え方

2011年にある女性雑誌が、「子どもの貧困」という言葉で思いつくことを読者に尋ねたところ、下記のような内容が多数でした。

・日本の子どもが貧困化？　そんなの聞いたことありません。
・発展途上国の貧困に苦しむ子どもたちの話を聞くと、とても心が痛みます。

・お金に苦しい家庭があるのは知っています。実際、子どもの通う公立小学校にもそういった子どもがいるんです。でも、それって親がきちんと働こうとしていないからじゃないですか？　一人で働きながら子どもを立派に育てている人だっていっぱいいると思うので、厳しいようだけど努力不足であるように思えます。

（山野良一『子どもに貧困を押しつける国・日本』光文社新書、2014年、７頁）

多くの人がイメージする「ボロボロの服を着ている」、「食べるものがない」、「発展途上国の子どもたち」といった、衣食住が圧倒的に不足し、生命の危機につながるような貧困を「絶対的貧困」といいます。これに対して、先進国の間で現在問題となっているのは「相対的貧困」といわれ、その社会で「当たり前」とされている標準的な生活を送ることができない状態を意味します。

「相対的貧困率」は、国民１人ひとりを手取り収入順に並べ、ちょうど中央に位置する人の２分の１を下回っている人の割合です。2018年現在、単身世帯では年間127万円、４人世帯では253万円以下の世帯が「相対的貧困」の状態にあります（図表１）。標準的な４人世帯の１か月の生活費（図表２）と比べてみていかがでしょうか。

17歳以下の子どもの「相対的貧困率」は、2018年現在で13.5％となっており、およそ７人に１人、40人学級であれば１クラスに５～６人の子どもが厳しい生活を強いられている計算になります。さらに、ひとり親家庭の子どもにかぎると「相対的貧困率」は48.1％と突出して高くなり、先進国の間で最悪の水準となっています＊1。

世帯人数	年収	1か月では
1人	127万円	10.6万円
2人	179万円	14.9万円
3人	219万円	18.3万円
4人	253万円	21.1万円

図表１　世帯人数別貧困ライン

出典：厚生労働省「2019年 国民生活基礎調査」をもとに筆者作成。＊相対的貧困ライン＝等価可処分所得（世帯の可処分所得を世帯人員の平方根で割って調整した所得）の中央値の半分で計算

また、貧困とは単に「お金がない」ことだけではなく、生活を営むために必要となる「もの」や「こと（機会）」が不足することを含む概念です。現代社会では100円ショップやファストファッションといった安価な商品が多く流通しているため、衣類や持ち物などの外見からはわかりにくく、よりいっそう貧困を見えづらくしています。どのような捉え方をするかによって、貧困に対するイメージは大きく異なるのです。

食料	78,898円
光熱・水道	21,922円
家具・家事用品	13,004円
被服・履物	14,556円
保健医療	12,566円
交通・通信	51,636円
教育	34,104円
教養・娯楽	34,436円
その他	48,681円
消費計（住宅費除く）	309,803円
住宅（賃貸）	79,897円
消費支出合計	389,700円

図表２　4人世帯の平均支出（月額）

出典：消費支出：総務省統計局「2019年 全国家計構造調査」家計収支編（表番号2-7）、住宅費：国土交通省住宅局「令和元年度 住宅市場動向調査報告書」をもとに筆者作成。＊住宅費：月額家賃と共益費の合計

02_背景にある保護者の厳しい労働や生活

子どもの貧困の背景には、大人たちや日本社会が直面している困難な状況があります。日本では1990年代以降、低賃金で不安定な就労とならざるを得ない非正規雇用者が増加し、働いているのに収入が貧困ラインを上回ることができない「ワーキングプア」が問題になっています。その中でも、女性の非正規雇用率は現在５割を超えています。

ひとり親家庭の多くが母子家庭であり、母親の就労による所得は年間で平均225万円と、全世帯平均の383万円を大きく下回っています[*2]。ジェンダー格差の大きい日本社会では、女性は経済的にも不利な立場に置かれています。さらに、長時間労働やパワーハラスメントなど心身を壊してしまうような働き方の蔓延（まんえん）により、労働の場から排除される人が

[*1][*2] 厚生労働省「2019年 国民生活基礎調査」

増加しています。

加えて、日本は子育て世帯に対する公的な支出が少ない上に、子どもの養育や教育に非常にお金のかかる国です。つまり、子どもの貧困の背景には子育て家庭の貧困があり、雇用や労働、男女の格差の問題があり、現在の社会保障や社会福祉政策、教育政策が困難を抱える人々に十分に対応できていない状況があります。貧困が今の政治や経済、社会の仕組みによって引き起こされている以上、私たち自身の問題であり社会全体で解決すべき問題なのです。

03_積み重なる不利と困難

貧困状況にある家庭が背負っている困難は経済的な問題だけでなく、子どもの養育や教育・健康・家族関係・就労など生活全般にわたり、複合的な困難を抱えて生活しています[*3]。

2015年に『朝日新聞』が行ったアンケートでは、ひとり親家庭の母親から次のような声が寄せられました。

> 8年前に離婚し、社会人の長女（20）、高校2年の次女（17）、小学4年の長男（9）を1人で育ててきました。朝は自宅でパソコン事務、昼は大学の研究補助、夜は学習塾の講師で生計を立てています。離婚して預金残高は2万円。親からもらったネックレスなどを売り、ティッシュは半分に破って使った。近所の人がごみ置き場に捨てようとしていた敷布団を「ください」と頼んで、もらったこともあった。（中略）
>
> ごめんね、と思うのは一緒にいてあげられる時間が本当に少ない

*3 大阪府立大学「大阪府子どもの生活に関する実態調査 平成28年度」https://www.pref.osaka.lg.jp/attach/28281/00000000/01jittaityosahoukokousyo.pdf（閲覧日：2022年8月15日）

ことです。次女は授業参観があっても「休んだらお給料減るから来なくていい」とよく言っていました。（中略）元夫からは家庭内暴力（ＤＶ）を受けていました。精神的に追い込まれ、働く意欲が湧かなかったり、周りの目が気になって援助の申請ができなかったりする人の気持ち、よくわかります。　（『朝日新聞』2015年11月15日付朝刊）

衣食住や健康への影響

2016年に大阪府が行った「子どもの生活に関する実態調査」では、貧困世帯の６割以上に食費を切りつめた経験があったことがわかっています（図表３）。貧困と健康は密接な関係にあり、衣食住といった基本的欲求が十分に満たされないことが、子どもの発達を妨げ、体力や知的能力、心理面にまで影響を与えます。

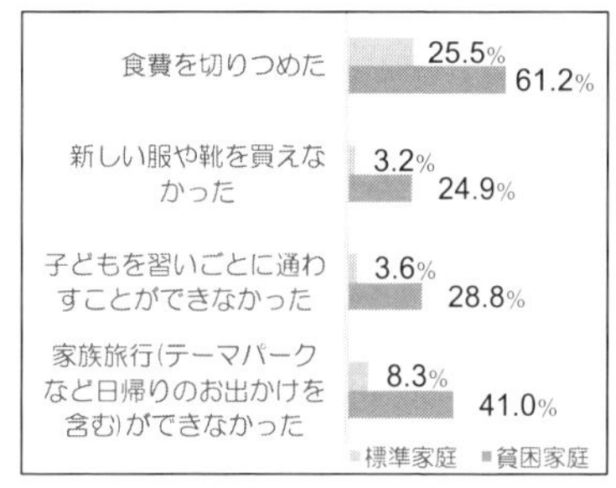

図表３　困窮度別にみた社会生活の影響（子どもの生活と剥奪指標）
出典：大阪府立大学「大阪府子どもの生活に関する実態調査（平成28年）」をもとに筆者作成
＊大阪府内全自治体のデータを使用

また、保護者自身が病気で働けなかったり、メンタルヘルスの問題を抱えている場合も少なくなく、貧困により病気や障害が引き起こされることもあれば、反対に病気や障害が貧困につながってしまうこともあるのです。

時間の貧困

経済的な問題は、時間の貧困とも直結します。体験談にあるように、保護者がダブルワークやトリプルワークといった不安定な働き方を強いられる状況では、睡眠や食事、育児、家事などの生活時間が確保できず、親子が一緒に過ごす時間が奪われます。また、生活が苦しい家庭では、働く保護者に変わって家事や幼いきょうだいの世話を担ったり、アルバイトで家計を助ける子どもも多く、家庭での学習時間などにも影響を与えます。

学力格差と体験の不足

子どもの教育にどれだけの費用をかけられるかという家庭的背景によって、学力や学歴が左右されます。貧困家庭の子どもは、学習塾や習い事に通えないといった学習環境のみならず、遊びやスポーツの体験、博物館や美術館に行ったり、読書をしたりといった文化的な体験の機会も含め、日々何かを諦めながら生活しています。

意欲の低さ

周りの友だちと比べられることによる劣等感も、貧困に深く関係しています。どれだけ頑張っても、みんなと同じスタートラインに立つことができない子どもたちに向けられる、「頑張りが足りない」や「努力すれば報われる」という言葉がその子を傷つけます。自分に自信が持てず、やがて自分自身の存在価値を見出せなくなり、生きる力まで失ってしまいます。

つながりの貧困

私たちは人とのつながりの中で、助け助けられながら生活をしています。経済的な問題を抱えると、人や社会とのつながりが徐々に断ち切られ、孤立してしまうことがあります。その結果、誰の助けも得られず、必要な支援にもたどりつけず、危機的な状況に陥ってしまう危険が高まります。

虐待・ネグレクト

家庭の生活基盤の脆弱さと、虐待やネグレクトとの関連性も明らかになっています（図表4）。保護者の余裕のなさや、先の見通しが持てないことによる不安、孤独がもたらすストレスが子どもに向けられてしまったり、あるいは不登校や非行といった形で現れることがあります。

虐待を受けた子どもたちの家庭状況		あわせて見られる他の状況上位3つ		
		①	②	③
1. ひとり親家庭	460件（31.8%）	経済的困難	孤立	就労の不安定
2. 経済的困難	446件（30.8%）	ひとり親家庭	孤立	就労の不安定
3. 孤立	341件（23.6%）	経済的困難	ひとり親家庭	就労の不安定
4. 夫婦間不和	295件（20.4%）	経済的困難	孤立	育児疲れ
5. 育児疲れ	261件（18.0%）	経済的困難	ひとり親家庭	孤立

図表4　虐待を受けた子どもたちの家庭状況

出典：山野良一『子どもの最貧国・日本 学力・心身・社会におよぶ諸影響』光文社新書、2008年、107頁。元データ：東京都福祉局「児童虐待の実態Ⅱ」2005年

このように子ども期に経験するさまざまな不利や困難は、子どもたちから多様な経験を積む機会を奪い、健やかな成長を妨げるだけでなく、教育の達成や大人になってからの職業、所得、生活水準にもマイナスの影響を与え、次の世代の子どもたちにまで連鎖してしまうのです（図表5）。

1989年に国連で採択され、日本でも1994年に批准した「子どもの権利条約」は、子どもを大人と同様に尊厳と権利を持つ存在として、十分な食事や医療が受けられる「生きる権利」、教育や遊びの機会が得られる「育つ権利」、差別や虐待を受けない「守られる権利」、社会活動などに参加できる「参加する権利」を規定しています[*4]。しかし、今の日本社会には、これらの権利を奪われ、夢や希望にふたをすることでしか生きていくことができない子どもたちが多数存在するのです。貧困を「自己責任」や「あって仕方がないもの」として片づけてしまったり、ある

[*4] 日本ユニセフ協会「子どもの権利条約カードブック みんなで学ぼう わたしたちぼくたちの権利 第３版」2021年、5頁 https://www.unicef.or.jp/kodomo/nani/siryo/pdf/cardbook.pdf（閲覧日：2022年8月15日）

いは無関心であったり、目を背け続ける社会のままでよいのか、私たちは考えてみる必要があるのではないでしょうか。

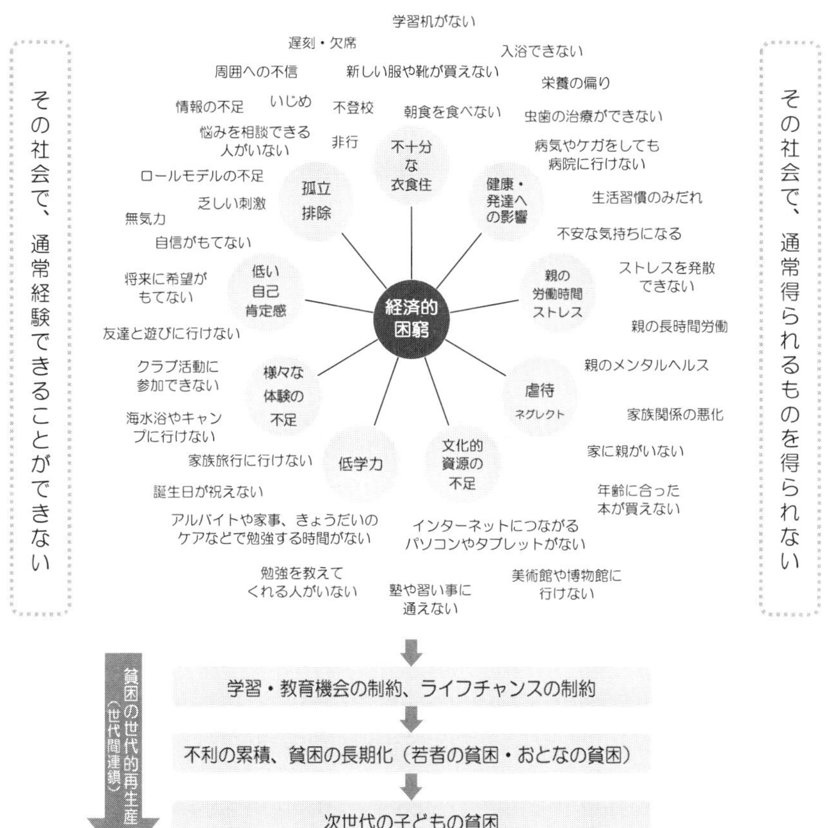

図表５　子どもの貧困イメージ図

出典：秋田喜代美・小西祐馬・菅原ますみ『貧困と保育　社会と福祉につなぎ、希望をつむぐ』かもがわ出版、2016年、31頁
大阪府立大学『大阪府子どもの生活に関する実態調査（平成28年）』より筆者作成

04_健康で文化的な最低限度の生活

　人は誰もが人生において、病気や障害、子育てや介護、就労のことなど、困りごとを抱えるリスクを持って生活をしています。もし、なんら

かの理由で生活が困窮したとき、誰もが生命と健康を維持できるようにするために、生活保護制度があります。次の作文は、生活保護の利用経験がある学生によって書かれたものです。

> 私たち家族は父が病気で亡くなったあと、高校生のときに生活保護を受けていたことがあります。そのころ「生活保護を受けて高校へ行っているのか、高校をやめて働けばよいのに」といわれたり、家に来た人が冷蔵庫をあけて、「生活保護のお金で肉なんか食べてぜいたくだ」といわれて悔しい思いをしました。でも、ここで高校をやめたら看護師になる夢を叶えられなくなる、と思って歯を食いしばりました。
>
> （大久保秀子『新・社会福祉とは何か 第３版』中央法規、2018年、86頁）

生活保護制度の根拠は、日本国憲法第25条の「すべて国民は、健康で文化的な最低限度の生活を営む権利を有する。」という生存権保障の理念に基づいており、条件を満たす、すべての国民に対して困窮した理由を問わず、無差別平等に適用されることが法律で定められています。しかし、実際には利用資格があるにも関わらず、利用していない（できない）人々が多数存在します。

学生の作文にあるように、生活保護の利用者に対する心ない言葉や冷たい眼差しが、支援を受けることを恥とする風潮（スティグマ）につながり、生活保護の利用を妨げています。そして、差別や偏見が困難を抱えた人々をさらに追い詰め、孤立させているのです。

05_子どもたちの幸せのために

さまざまな不利や困難が重なることで複雑に連鎖してしまうのが、現代の貧困の特徴です。子どもの貧困と雇用や所得の不平等、子育ての家族依存、差別や偏見、孤立や排除、これらにはすべて関連があり、日本社会によって生み出されている現象です。

国際比較による日本の子どもの精神的幸福度は38か国中37位、つまりワースト2位となっています。これについて貧困の研究者である阿部彩さんは、日本の子どもの幸福度を上げるために必要なのは、最も幸福度が低い状況に置かれている格差の底辺にいる子どもたちと、その家族の状況を改善することだと主張しています。そして、いじめに遭いやすい貧困世帯の子どもや、ワーク・ライフ・バランスなど考えることもできない非正規労働の保護者、子どもを保育所に預けることもできない家庭といった、いちばん底辺の人々の状況を改善し、格差を縮小することで、生活に満足する子ども・大人が増えるのではないかとも述べています[*5]。

06_インクルーシブな社会は貧困を決して容認しない

私たちが目指すインクルーシブな社会とは、1人ひとりの違いが格差や排除を生み出す社会ではなく、豊かさを生む社会です。社会の中で多様な存在が大切にされ、認め認められる関係性があってはじめて、私たちは「life（生命・生活・人生）」を確保することができるのです。学校が、地域が、そして私たち1人ひとりが、社会に向けて「貧困を決して容認しない」というメッセージを出し続けることができれば、貧困は削減できる。私はそう信じています。

[*5] 阿部彩「コメント：ユニセフ・イノチェンティ レポートカード 16について」、ユニセフ・イノチェンティ研究所『イノチェンティ レポートカード16 子どもたちに影響する世界 先進国の子どもの幸福度を形作るものは何か 日本語版』日本ユニセフ協会、2021年、4頁、https://www.unicef.or.jp/library/pdf/labo_rc16j.pdf（閲覧日：2022年8月15日）

また、誰にも頼らず生きていくことが「自立」だとする考え方や、「頑張りが足りない」、「甘えるな」と自己責任を押しつける社会のあり方、生産性や効率ばかりが重視される経済のあり方、心身を壊してしまうような働き方を強いる雇用や労働のあり方に対しても、問い直しが必要ではないでしょうか。広い範囲での多様な働きかけが求められています。

（加藤日和）

2. 貧困とは何か？　当事者の目線から伝える

01_生い立ち

はじめに少し、私の身の上話を聞いてください。

生まれたのは平成3年、決して日本が貧しい時代ではありません。世間から私たちは「ゆとり世代」と呼ばれ、学校での授業時間が減ったことや総体的に国も豊かになってきていることから「苦労を知らずに育った世代」「甘やかされて育った世代」などといわれていました。しかし、私の子ども時代は今思えば苦労の連続でした。

私は男3人兄弟の次男として生まれ、兄と弟とは1歳違いの3人年子でした。父は小さな土木会社を経営していて、母はその手伝いをしながら私らの世話に翻弄される毎日でした。このときはまだ貧困といわれるような生活ではありませんでした。決して裕福な暮らしではありませんが、父は2階建てのマイホームを建てて、やんちゃな3兄弟は毎日壁紙を汚したり障子を破ったりと、両親は大変だったと思いますが、毎日美味しいご飯を食べて、キレイな服を着て保育園に行っていました。

ある日、私の生活は大きく変わりました。私が4歳のときに両親が逮捕され、私たちは児童養護施設に入ることになったのです。当時は何が起きたのかよくわかっていませんでしたが、施設に入る直前に親か祖母に買ってもらった大好きだった1.5Ｌのジュースを、「あなたたちだけずるいから」と言われて没収されたことで、今起こっていることが私にとって不幸なことであると認識して泣きました。

その後、小学校に上がる前に祖母に引き取られました。60代の祖母と生活保護を受けながら暮らしていた家は、線路脇に建てられた、今では珍しい三軒長屋でした。電車が通るたびにトタンの外壁と屋根がガタガタと揺れます。祖母はやんちゃな私らの面倒をみるのはとても大変だったと思います。生活は食べることで精一杯です。服は学校のバザーで買ったものや親戚のお下がりばかりで、洗濯もお風呂も毎日はできません。着ていた服のまま寝て、次の日そのまま学校に行くこともありました。

当時、私の知るかぎりでは小学校の先生から家庭での生活について指導が入ることはありませんでした。しかし、三者面談などは家庭訪問に切り替えるなど祖母しかいない状況の中での配慮はしてくれていました。おそらく、先生方は家庭状況を知りつつも家庭にどこまで踏み込んでよいのかわからなかったんだと思います。

中学生になった頃、祖母１人ではやんちゃになった子どもたちの面倒を見ることが難しくなり、再び施設に入ることになりました。児童養護施設の都合上、兄弟バラバラのタイミングでの受け入れとなりました。幼少期と違って支え合う兄弟がいないのは少し寂しかったです。

児童養護施設に入る前は、「一時保護所」という場所に入所します。施設の受け入れが整うまで入所する場所で、学校にも行けず、外にもほとんど出ないような生活をしました。当時14歳の私はその中では年長者で、小学生のにぎやかな声や強要される規則正しい生活は私にとってはストレスでした。

そんなある日、ささいなことで職員と口論になり、職員も私もヒートアップしてきたときに職員の１人にこう言われました。

「そんなに嫌なら出て行けばいいじゃないか。ここは牢屋じゃないんだから、あとはお前の自由だろ！」

頭にきた私は一時保護所を飛び出しました。

しかし、一時保護所があった場所は、中学生の足で地元に帰るにはほど遠い場所です。行くあてもない14歳の私は夜の街を徘徊し、落ちている小銭をかき集めたり、お店でお金を借りたりすることで生活をしました。なるべく安くお腹を満たすためにキャベツと塩を買ってかじりつきました。ホームレスの男性に食べ物を分けてもらったり、街で出会った人の家に連れて行ってもらって何泊か泊めてもらったりすることもありました。悪臭の漂うゴミ屋敷でしたが、そこで食べたキムチ鍋の味はとても美味しかったことを今でも覚えています。

そんな生活を１年ほど続けましたが、このまま生きていくことに限界を感じました。私に心ない言葉を放った大人への反抗心とプライドはいつしか消え失せ、自分から児童相談所に連絡して、保護してもらいました。

それから私は、この１年の間に積み重ねた非行行為についての罪を問われることになりました。その結果、地方裁判所で手錠と腰紐をかけられて、護送車に乗せられて少年鑑別所に行くことになりました。鑑別所とは、罰として入れられる場所ではなく、あくまで審判が出るまで保護される場所です。とはいえ鉄の扉の中で鍵をかけられて番号で呼ばれるような場所であり、世間から見れば立派な不良少年でした。

はじめは「もう兄弟と同じ児童養護施設には行けない」と言われていましたが、当時の児童相談所の担当の方がいろんなところに頭を下げてくれたおかげでなんとか兄弟と同じ施設に行けるように頼んでくれました。鑑別所を出るときの裁判所での審判は「児童相談所の判断に委ねる」というものであり、私はなんとか兄弟が先に入所していた児童養護施設で生活できることになりました。

02_貧困とは何か？　当事者の目線で振り返る

ここまでの話の中で私は「相対的貧困」と「絶対的貧困」を経験しています。

「相対的貧困」を経験したのはおもに幼少期から小学生のときです。

周りの家庭と比較して明らかに低い生活水準で生活をしていました。しかし、当時の私は自分が貧困であることに気づいていませんでした。だからこそそんな生活に嫌気が差すこともありませんでした。

なぜ気づけなかったのでしょうか？

頼れる大人は戦争経験者の祖母しかおらず、よく戦時中や戦後の話を聞かされていたからかもしれません。もしくは、同じ環境で暮らす年の近い兄弟がいたおかげか、友人に恵まれたからか、今となってはわかりません。ただ、子どもの貧困とは、子ども自身ではその違和感に気づきにくいのだと思います。今思うと、周りの友人から「臭い、汚い」などと思われていなかっただろうか？　などと不安になります。

そして、このときに受けていた公的支援は生活保護と児童相談所の介入です。生活保護で金銭的支援は受けているものの、祖母は男３人兄弟の面倒をみるので精一杯なので、外食やコンビニでの買い物が増えて食費にお金がかかります。もしかしたら生活指導や家事代行などの支援があれば少しは生活水準が変わっていたかもしれません。

児童相談所の介入に関しては、学校からの相談や私たち家族からの相談で始まったのではありません。私が中学１年生の頃、当時小学６年生の弟の非行行為で警察に補導されたのがきっかけでした。つまり、児童相談所が「児童養護施設に送ったほうがいい」と判断するほどの家庭環境に対して今まで誰も介入することがなかったのです。

当事者である私たち家族は当たり前に受け入れているこの生活に違和感を抱くことすらできていないので、もし弟の非行行為がなければ、学校の先生も、生活保護で関わっていた市の職員もこの家庭環境を見過ごしていたのです。そのため、相対的貧困という環境は児童養護施設に入るまで解決することはありませんでした。

「絶対的貧困」を経験したのは、一時保護所から街に飛び出した14歳のときです。日本では絶対的貧困は起こりにくいです。起こるとすればなんらかの事情で公的支援が届いていない、または受けられる支援の情報が届いていない、監禁、軟禁などの貧困とは別の被害を受けているなどの特別な状況下にある場合がほとんどだと私は思います。

このときは、受けるべき公的支援から逃げ出してしまったので「ほかの公的支援に頼れば捕まる」「またあの場所に戻される」という考えがありました。当然頼れる大人は1人もいません。時折手を差し伸べてくれる大人は、ホームレス状態の方ばかり、私よりも支援の必要な大人でした。

1日水しか口にできない日もありました。お金もなく頼れる大人もおらず、生きていくために非行にも走りました。すれ違う大人が見れば私は非行少年だったと思います。「普通」の大人からは蔑まれて見られるような気がして、頼ることはできませんでした。

親が逮捕されているという特別な状況から始まった私の人生は、相対的に適正な生活水準の感覚を狂わせて、その感覚が生きていく上で必要な情報や支援を遠ざけさせました。頼れる親のもとで「普通」に暮らしている子どもは、親に導かれて自然にさまざまな情報に触れ、経験を積み、将来像を描き、それに向かって進んでいくことができます。

しかし、頼れる親がなく、日々食べるだけで精いっぱいという暮らしでは、得られる情報も経験もかぎられてしまいます。将来のために情報を得ようと思いつく機会すら、知らないうちに奪われている子どもたちがいるのです。私の両親も、いや、戦後の時代を貧しく生きた祖母すらも、貧困によりそんな機会を奪われた人たちでした。

そう、貧困は連鎖したのです。

街に抜け出して、寝泊まりした夜の公園で、周りの家からは夕飯やお風呂の匂いがしてきます。私も「普通」の家庭で暮らしたかった。住宅街にならぶ2階建ての普通の一軒家に強く憧れを抱きました。

03_貧困の連鎖を断ち切る

私は施設を出たあと、高校を卒業して就職、結婚、今では子育てをして夢だったマイホームを購入できました。誰が見ても「普通の家庭」を築いていると思います。しかし、今でもたまに怖くなります。

私にとっての当たり前を子どもに押し付けていないか？

私にとっての“普通の暮らし”は我が子に恥ずかしい思いをさせてはいないだろうか？

なぜなら、祖母との生活に私は当時違和感を持てていなかったからです。私の妻はどちらかというと神経質な方で、よく暮らしの中で家事や掃除の仕方などでダメ出しをされます。それは「私がまともな生活を送ってこなかったせいなのではないか？」と過去の経験や私が受けてきた不遇を恨むのです。

貧困の連鎖の恐怖は、私にとっての後遺症なのかもしれません。

そんな私の後遺症は、外から見てわかるようなものではありません。しかし、確実に私の心に不安を与えて今でも苦しんでいます。「もし私が職を失ったら誰が私を助けてくれるだろうか？」「頼れる実家はなく、もう子どもではないので入れる施設もない」「生活保護で暮らすような生活は絶対に子どもにはさせたくない」……当たり前のことではあるけれど、貧困の恐怖を知っているからこそ、私は怖いです。

大人になれば体調管理もメンタルケアも自己責任です。社会ではそれが当然です。ましてや障害があるわけでもないし、見た目にわかりやすいマイノリティでもない、ただの普通の大人です。

頼れる親のもとで「普通」に暮らせなかった子どもは、大人になってから急激に社会を知り、普通になろうと必死に努力しています。

私は今、子どもに関わる教育の仕事をしています。その中でこの苦悩や連鎖を断ち切るヒントを得ることができました。仕事の中で子どもの発達段階に合わせた関わり方や、積むべき経験などの知識を学びます。それは私の漠然とした普通の基準にものさしを当ててくれます。貧困も、子ども時代の経験不足も、連鎖させないための大事なものさしです。また、いろんな家庭に関わる中で、どんな家庭で育ったとしても、みんな子育てに不安を感じているということも身にしみて感じます。子どもだって、親だってみんな違うんだから。

04_貧困家庭を経験した私が伝えたいこと

最後に、貧困家庭を経験した私がこれを読んでくれている皆さんに伝えたいことがあります。

もし身近な人に貧困で困っている人がいて、何かできることはないかと悩んでいる方がいるのであれば、もし心と時間に余裕があれば、少しだけ話を聞いてあげてください。お金の支援はできないかもしれませんが、生活の知恵くらいなら分けてあげられるかもしれません。貧困の連鎖に巻き込まれて生きることで精一杯の人は知らないことで損をしていることもあるかもしれません。

もし、学校の先生など子どもに関わるお仕事をしていられる方が本書を読んでいただいているのであれば、覚えておいてほしいことがあります。

今の公教育では家庭で一般的な教養を学んでいることが前提で指導要領等が組まれていると思っています。私が中学生のとき、一時保護所を飛び出してホームレス生活をしていたときにこのまま逃げのびて大人になればまともに暮らせると思っていたのは、私が何も考えていなかったからでしょうか？　私は違うと思います。なぜならそんなことは誰も教えてくれなかったからです。今ならわかる“当たり前”のことも当時の私にはわかりませんでした。

学校の先生など、親以外の他人の大人が家庭にどこまで踏み込んでいいのかは非常に難しい問題です。ですが､学校でお金のことや働くこと、生活のことや歯を磨かないと大人になってからどんな困りごとが増えるのか？　みたいなことだって、私はもう少し教えてほしかったです。そんな子もいるかもしれないと知っておいてください。

そして、もし私と同じように貧困家庭を経験した方がいて貧困の連鎖をさせてしまうことへの恐怖や不安を感じているのであれば、それは知識で和らげることができるかもしれません。子育てだって、お金の知識だって、料理の仕方だって、生きるための知識は大人になってからでも学べます。

そして、もし今も貧困に苦しんでいたり、貧困家庭で育ったことにより苦しんでいる方が、家庭を持つことや子育てをすること、社会人として組織に入って生きていくことを恐れているのであれば、少し知識を得るための努力をしてみてください。わかることで安心します。

でも、あなたが今まで知識をつけてこられなかったことは、あなたのせいなんかではありません。公教育の不十分さや福祉の手が届いていないことが原因です。決して自己責任なんかではありません。

　あなたの経験を、社会への不満を、堂々と声に出してもいいんです。そうすることで、貧困の連鎖を止めていきましょう。

（深澤竜二）

｜Work｜リフレクションワーク

リフレクションのための問い

学校において、貧困状態にある子どもがいることが前提となっていない仕組みや活動はなんですか。

貧困を「自己責任」や「あっても仕方がないもの」として片づけてしまったり、あるいは無関心であったり、目を背け続ける社会を変えるために、教育が担える役割はなんだと思いますか。

Books おすすめ書籍・教材

貧困や格差・お金のことについて、これからの社会をつくる
子どもたちと一緒に考えたい方へ

『おやこで話す子どもの貧困　だれも見すてない国をつくる』

阿部彩著、日本能率協会マネジメントセンター、2021年

貧困のない社会をつくるために教育に
何ができるかを学びたい方へ

『教える・学ぶ―教育に何ができるか（シリーズ子どもの貧困③）』

佐々木宏・鳥山まどか編著、明石書店、2019年

（加藤）

学生さんや最近貧困の問題に興味を持ち始めた方、
普段本をあまり読まない方へ

『本当の貧困の話をしよう　未来を変える方程式』

石井光太著、文藝春秋、2019年

（深澤）

Column 2

最近よく聞く！「マイノリティとマジョリティ」を知ろう

マイノリティとマジョリティの2面性について

マイノリティ・マジョリティは、それぞれ社会的少数派・多数派のことです。人間は誰しもが、マイノリティ属性（少数派に属する性質）とマジョリティ属性（多数派に属する性質）の両面を持っているものです。それらは、民族や国籍、家族の形態、出身地、仕事、学歴、収入、身体機能、趣味や嗜好、などさまざまな分野で起こりえます。

たとえば私は、ろう者[*1]というマイノリティ属性と、日本においては日本人というマジョリティ属性の両面を持っています。他人からは、場面やシチュエーションによって、どちらの属性として見られるかが変わってきます。

そして、マイノリティ属性とマジョリティ属性の両面を持っている多くの人は、マジョリティ属性が優先されやすく、心の中では、葛藤や対立が生じやすくなってきます。

たとえば、私の場合、ろう者以外の日本人と話すときは、日本人としてのマジョリティ属性が重く見られ、それに適したコミュニケー

*1 ろう者とは、聴覚障害者の1区分であり、さまざまな定義があります。本書では、日本手話を使用する者という意味で使用します。

ション方法を暗黙的に強要されることがあります。

私は、日本手話[*2]という日本語とは別の文法体系を持つ言語を第一言語[*3]として使用する立場なのですが、相手は日本語を話すものと思い込みがあり、同調圧力が生じる場合が多くあります。その結果、コミュニケーションにマジョリティより多大な労力を必要とするため、不公平さを感じることが多くあります。

マジョリティ属性の理解しづらさについて

マジョリティ属性があっても、併せ持つマイノリティ属性によっては、マジョリティの生活様式や文化に完全に同調できるとは限りません。マジョリティは、自分と共通している属性の部分に注目してしまう傾向があるため、マイノリティの部分に気づいたり、理解したりすることはとても難しいことです。

マジョリティが、マイノリティを理解するための障壁には、「無関心」「無理解」「思い込み」があります。多くのマジョリティは、マイノリティのことに関心がなく、また、理解が十分ではありません。

また、思い込みによりマイノリティを正しく理解していない場合もあります。マジョリティはマイノリティのことを知らなくても生きていけるが、マイノリティはそうではありません。そこに「非対称性」

[*2] 日本手話は文法・統語構造等において言語学的にみて日本語とは全く異なる自然言語です。手話は国連において、音声言語と対等であることが認められています。
[*3] 第一言語は、一般的には、最初に習得する言語を意味することが多いですが、本書では、最もよく使い得意とし、アイデンティティの支えとなる言語という意味で使用します。マジョリティの場合は、最初に習得する言語が最もよく使い得意とし、アイデンティティの支えとなる言語となりますが、マイノリティは必ずしも一致するとは限らず、ろう者の場合は、一致しないことがあります。

があり、そうする必要がないところに「優位性」があります。

同じ日本人同士なのに、なぜこのようにコミュニケーションしにくいのでしょうか。

これを解消するには、障害の有無や言語の相違だけではなく、それらによって起こる感情、たとえば、不便に思うこと、生活のしづらさなどが理解されなくてはなりません。そして、マジョリティがこれらを理解するには自分の立場を離れて相手のことを考える「想像力」が必要です。「もし自分がその立場だったら、何をどう感じて、社会の中でどう生きようとしているのか」という視点です。

たとえば、言葉の通じない外国へ旅行して、言語的マイノリティを経験することを通して、自分とは違う人たちのことを正しく想像すること。これが、マイノリティと呼ばれる人たちを社会で受け入れ、社会全体がダイバーシティに適合していくのにまずは必要なことです。

（伊藤芳浩）

第３限

包括的性教育について学ぼう

1. なぜ今、包括的性教育なのか

現代社会において、ジェンダーに関する問題は山積しています。たとえば、セクシュアルハラスメント、ＤＶ、性犯罪・性暴力、望まない妊娠、性的マイノリティに対する差別など、枚挙にいとまがありません。読者の皆さんもこれらの問題はよく耳にされているのではないでしょうか。

とくに、日本のジェンダーギャップ指数の順位の低さ[*1]はメディアでも大きく取り上げられました。ジェンダーの問題は人権問題と地続きのため、ジェンダー不平等の解消が日本にとっての喫緊の課題なのだという認識が、以前よりもより多くの人たちに切実に受け止められるようになりました。さまざまな組織で、ジェンダーに関わる諸問題への取り組みが、今求められています。翻って学校現場では、どのようなことができるのでしょうか。そんな切実な問いに対する答えの１つとして、包括的性教育とその具体的実践を本書で紹介します。

01_包括的性教育とは

日本において性教育と聞くと、小学校では男女別に集められ二次性徴を教わったり、中学校では生殖から思春期の心身の成熟や性感染症を、高校では避妊について教わったりするというのが一般的な認識かと思います。これらは性に対する“TO DO”、つまり、「何をするか」という視点に基づいています。しかし、それとは別に、性教育にはジェンダー平等や性の多様性という“TO BE”、つまり「人間のあり方」という視点もあります。

*1 ジェンダーギャップ指数とは、世界経済フォーラム（ＷＥＦ）が、男女の違いで生じている格差や観念により生み出された不平等（ジェンダーギャップ）を数値化しランク付けしたもので、各国が自国のジェンダーギャップを把握し、男女格差を解消することを目的に公表される。日本は、146か国中116位、G7では最下位である（「ジェンダー・ギャップ指数2022」WEF, Global Gender Gap Report 2022）。

この、“TO DO”と“TO BE”の両方を合わせた性教育が、国連教育科学文化機関（ユネスコ）が世界保健機関（WHO）などと2009年に採択し、2018年に改訂版が出された『国際セクシュアリティ教育ガイダンス』による包括的性教育です。包括的性教育は、次のような知識やスキル、態度、価値観を子どもたちに身につけさせることをねらいとしています。

①「子どもたちの健康とウェルビーイング（幸福や喜び）や、子どもたちの尊厳を実現すること」
②「個々が尊重された社会的、性的な関係を育てていくこと」
③「子どもたち自身のいろいろな選択が自分や他者のウェルビーイングにどう影響するのかを考えること」
④「子どもたちが生まれてから死ぬまでの生涯を通じて、自分たちの権利を守るということを理解し励ますこと」

（出典：「性教育の課題は？ 話題の『包括的性教育』とは？」
https://www.nhk.or.jp/gendai/comment/0026/topic031.html）

包括的性教育は、その名の通り、「すべての要素を広く網羅している性教育」であり、『国際セクシュアリティ教育ガイダンス』においては、次の８要素が具体的に扱われるべき「キーコンセプト」として掲げられています。

①人間関係、②価値観、人権、文化、セクシュアリティ、③ジェンダーの理解、④暴力と安全確保、⑤健康とウェルビーイング（幸福や喜び）のためのスキル、⑥人間の体と発達、⑦セクシュアリティと性的行動、⑧性と生殖に関する健康

各コンセプトには複数の「トピック」が含まれ、それらをすべてあわせると27になります[*2]。包括的性教育では、これらのトピックを５歳から18歳以上になるまで、繰り返し学び続けていきます。

02_私のこと

ずいぶんと前置きが長くなりました。ここで自己紹介をさせてください。私は東京の私立小学校（桐朋小学校）で教員として働いています。子どもたちをはじめ、保護者たちや同僚たちと向き合いながら、包括的性教育を学校現場にいかに浸透させていくかを試行錯誤しています。５～６年生を担任していた2016年から２年にわたり行った「生と性の授業」が私にとって初めての包括的性教育の実践でした。以来、包括的性教育実践を社会に向けて発信しています。

03_SOGIEという枠組み

包括的性教育を行うきっかけは、私のセクシュアリティが社会の「ふつう」と異なるという「生きづらさ」でした。ここで、セクシュアリティという概念についてまず説明をさせてください。

セクシュアリティとは、その人の人生や生活に深く結びついた性のあり方であり、４つの指標の組み合わせにより表されます。これらの４つの指標とは、

①性的欲望の対象が何かを示す「性的指向（Sexual Orientation）」、

②自分の性に対する認識である「性自認（Gender Identity）」、

③服装・仕草・役割などにあらわれる社会的な性役割である「社会的性（Gender Role/Expression）」、

④生まれてきたときに割り当てられてきた「身体の性（Sex）」

です。人間のセクシュアリティをこのように捉える枠組みを、各指

標の頭文字をとってSOGIE（ソジー）といいます。SOGIEという枠組みで捉えた私のセクシュアリティは、「身体の性」と「性自認」が一致しているシスジェンダー[*3]男性で、「性的指向」は同性愛者（ゲイ）です。ここまで読んで、なんてややこしいのだろうと思われた方も多いかもしれません。

たしかに、レズビアン、ゲイ、バイセクシュアル、トランスジェンダーを意味するLGBTという呼称は、今や社会的に広く認知されていますし、性的マイノリティの人権問題を可視化することに大きな貢献をしました。しかし、なぜあえてここでSOGIEについて紹介するのか。それは、SOGIEがセクシュアリティにおける「ふつう」を相対化する力を持つ枠組みだからです。先に述べた通りLGBTは、マジョリティとは異なるセクシュアリティを持つ人の集合を指す言葉で、性的マイノリティを意味しますが、LGBTという言葉だけでは、ＬにもＧにもＢにもＴにも該当しないマジョリティは、いわゆる「ふつう」の存在で居続けることができるため、マジョリティとマイノリティという構図は変わらないままです。一方で、SOGIEの観点では、マジョリティとされる性のあり方も、「シスジェンダーで異性愛」という多様な性の中の１つのセクシュアリティとして理解されます。SOGIEという枠組みを使えば、特定の集合ではなく、誰もが持つ多様な性の複雑なあり方を複雑なまま捉えることができるのです。

[*2] ８つのキーコンセプト、27のトピックの詳細は、以下を参照のこと。『国際セクシュアリティ教育ガイダンス』https://sexology.life/world/itgse/

[*3] シスジェンダー：身体の性が性自認と一致している人。トランスジェンダー：身体の性が性自認と一致せず、生まれたときに割り当てられた性別の枠を越えようとする人。ノンバイナリー：性自認が男性でも女性でもある、あるいはどちらでもない人。「Xジェンダー」「ジェンダークィア」とも呼ばれる。アセクシュアル：他者に対して恋愛感情も性的欲求も抱かない人。

04_私の生きづらさについて

再び、話を私の生きづらさに戻します。私は、ゲイの独身、子なしの男性として、社会の中で疎外感を抱えながら生きてきました。とくに学校という場では、子ども、保護者、教員の誰もがシスジェンダーで異性愛者であることが暗黙の前提とされています。私は子どもの頃に自身のセクシュアリティを自覚してから、自分が「ふつう」ではない存在であると突きつける学校という場に息苦しさを感じながら通い続けていました。しかし、その息苦しさは、教員になっても変わらずに存在し続けました。

前任校で投げかけられた「独身なのは半人前。結婚して子どもを持ったら教員として一皮むけるのだから早く結婚しなさい」という同僚からの言葉や、「結婚をして子どもを育てたことのない先生に子育ての何がわかるのですか？」「先生、いつになったら結婚するの？」という保護者からの言葉。「なんで独身で子どもいないの？　変なの」という子どもたちからの言葉。いちいち反応するのは大人気ない、言っているほうは悪気はないのだから流せばいいのだと思いつつも、それらの言葉に私の心は徐々にすり減っていきました。そんな日々を過ごす中で、学校の中にある、人間を「ふつう」と「ふつうではない」の２つに分けようとする大きな力に抗いたい気持ちは一方でどんどん増していきました。

そんな中、私はある同僚に「学校で教員として働くことが苦しい」とメールで弱音を吐きました。すると彼から次のような返事がありました。「マイノリティであることは、単に少数者であることでなく、少数者として自分らしい生き方を選ぶことでもある。しんどいね。だからこそ、多様で異質な他者とのつきあい方を子どもたちに体験的に教えていかねばならない。自分たちが囚われている認識をひっくり返すような授業をしたいね」。この返事に、私はとても救われ、勇気づけられました。弱音を吐いた翌年、2017年に私は彼と一緒に学年を組み、彼が言うところの「自分たちが囚われている認識をひっくり返すような授業」に踏み出すことを決めました。

性の多様性とは、本質的には「あなた」のあり方であり、生き方を語る問題でもあるということを授業で伝えたかったため、この実践を「生と性の授業」と名づけました。以来、「生と性の授業」は私にとって中核となる教育実践となりました。これまでの私の実践は、包括的性教育が網羅する８つのキーコンセプトの一部分にしかアプローチできていませんが、今後どのようにして包括的性教育を具体的な実践に落とし込んでいくのかを考えるための、１つのたたき台になるのではないかと思います。次のセクションでは、私の教育実践をエピソードを交えながら共有します。

05_５年生　ジェンダーバイアスについて学ぶ

包括的性教育に取り組むこととなったものの、はじめは具体的にどのように授業をすればいいかわからない日々が続きました。ただ明確に決めていたのは、性に関する学びを、「エロ」の文脈に回収するような子どもたちの意識をリセットする機会を、実践の最初に設けるということでした。

そこで、理科専科の先生に協力してもらい、ウニの受精を観察しました。水槽内のウニのオスに放精させ、「これがウニの精子だよ。これがメスの卵子と出会って受精し、両方の持つ異なる遺伝子情報がかけ合わされた新しい個体ができるんだ」と説明しました。情緒的なものを抜きにフラットに性の知識を教えることで、子どもが「精子」「卵子」という言葉を茶化す雰囲気はなくなりました。

また、教員のあり方が包括的性教育をする上で、何より大切だとも考えていました。どんなに優れた学習指導案や教材があったとしても、教員が自分自身のあり方をジェンダー的な視点から問い直し続けていかなければ、ジェンダー平等な学校・学級づくりからは離れていき、ジェンダーバイアス（固定的な性差観による偏見）やセクシュアリティに対する子どもたちの誤認識を強化してしまいます。

たとえば、「ホモ」や「オカマ」、「レズ」といった同性愛嫌悪を反映した言葉を子どもが使っていてもスルーしてしまうこと。男女混合のグループで女子に世話や指導の役割を期待して、〈だらしない男子／しっかりした女子〉というステレオタイプを強化すること。恋愛することが「ふつう」で「当たり前」のこととして子ども同士の恋バナに加わること。すべての保護者をシスジェンダーで異性愛者と見なして話をすること。個人の能力や希望を無視して力仕事を男子に頼むこと。ニューロセクシズム（神経学的性差別）[＊4]に基づいた進路指導を行うこと。女子のトラブルは「ドロドロとしたもの」と見なすジェンダーバイアスに基づいた指導を行うことなど[＊5]。

このような事例は、挙げればきりがありませんが、そのどれもが大人によって「無自覚」に「悪意なく」行われがちです。教員がこのような言動をしてしまうと、教員のあり方と包括的性教育の理念に齟齬が生じてしまいます。

年間を通して子どもが学校に通うのは約200日。そのうち、授業に割ける時間は、ほかのカリキュラムとの兼ね合いもあり、せいぜい年間２〜３日程度です。授業時数にすると６時間程度のわずかな時間だけしか確保できません。そのわずかな時間での子どもたちの豊かな学びのため

[＊4] 男の子は生まれつき攻撃的で機械好きで、女の子はもともと母性があり感受性が強いのは、性別によって生まれつき脳の組成が異なるからであるというような、「男性脳」「女性脳」に基づく説のこと。科学的根拠に乏しく、性別役割分担を助長する恐れがあると警鐘が鳴らされている。

[＊5] 寺町晋哉『〈教師の人生〉と向き合うジェンダー教育実践』晃洋書房、2021年等を参照のこと。

に、自分のあり方がどのような「隠れたカリキュラム」[*6]をつくりあげるのかを意識し、自分の言動を見つめ振り返りながら、日々の生活を丁寧に積み重ねていくことが何より重要だと考えました。

子どもたちは信頼する相手の話なら、真剣に聞いてくれるものです。まずは、子どもたちと時間をかけて信頼関係を築くことに力を注ぎました。そして、日頃から学校や性別にまつわる固定観念を意識的に揺るがせました。たとえば、朝の教室でアロマをたいてみました。子どもたちは登校するなり、女子も男子も鼻を寄せ合いながらアロマオイルの香りを自然に楽しみました。また、私は料理が趣味なので、気合いの入った完成度の高い弁当を自作し披露しました。一方で、筋トレや三国志といった、いわゆる男子っぽいノリにも積極的に参加しました。「身体の性」も「性自認」も男性だからといって、内面のすべてが「男らしい」要素で構成されているわけではないことを、自分自身が楽しみながら体現していくうちに、私と子どもたちとの関係に広がりが生まれていくのがわかりました。

そんな中で、ある日、１人の女子が自主学習ノートに「女子力」という言葉に対する苛立ちを書いてきました。これはジェンダーバイアスについて学びを深める絶好の機会なのではないかと思った私は、彼女の声を子どもたちに共有した上で、国語の授業で『こんなのへんかな？』（村瀬幸浩 文、高橋由為子 絵、大月書店、2001年）の読み聞かせをしたり、映画『リトルダンサー』[*7]の鑑賞を通じてジェンダーバイアスについて学ぶ機会を設けたりしました。授業の反応は予想外に大きく、何人もの子どもたちが翌日の自主学習ノートにジェンダーバイアスについての考察を書い

[*6] 教育社会学の用語。学校教育においてはっきりと言明されることなく、暗黙のうちに教授・学習される価値・規範・行動様式の体系（酒井朗・多賀太・中村高康編著『よくわかる教育社会学』ミネルヴァ書房、2012年）。

てきました。

子どもたちの気づきは、その都度、学級通信に載せ、クラス全体の話題にあげました。クラス内のジェンダーに対する意識の高まりを可視化できる学級通信は、ジェンダーに敏感なクラスの世論をつくりあげるために有効な手段となりました。そして、５年生の３学期。サッカー未経験の女子たちが、男子たちにルールを教えてもらいながら、サッカーをするようになり、６年生の４月には、彼女たちは男子たちと一緒にサッカークラブを立ち上げました。

【子どもたちの振り返り[*8]】

ジェンダーバイアスについて

・決して『サラダを取り分けること』や『気がきくこと』が女子力ではない。『男子力』がないのも不思議。女子力と反対に考えると男子力は『いつもコンビニ弁当で気がきかない人』なのかな？でもそれはないと私は思います。男子だって気がきくところもあるからです。

・この世に、男らしさ、女らしさなどというものは実在しないのではないか。だって、生きていくうちに自然と常識になっていったものなので、だれがいつどこで決めたわけではない。でも、いつの間にかできて、生まれてきた時からそれがあって、その流れにのって一生を過ごす。そんなあり方でいいのか？自分の「希望」を捨ててまで「らしさ」にしたがうべきなのか？それが不思議でたまらない。僕の身近で起き

[*7]『リトルダンサー』2000年製作、111分、イギリス、原題：Billy Elliot、監督：スティーブン・ダルドリー。80年のイングランド北東部の炭鉱町を舞台に、炭鉱夫を父に持つ11歳の少年ビリーがクラシックバレエに魅せられ、自身の人生を見出していくまでを描く。マッチョな父親に与えられた「男＝ボクシング」「女＝バレエ」という思い込みに囚われず、自分の本当に好きなことを貫き通すビリーの姿が印象的。ジェンダーバイアスについて学ぶのにぴったりな作品。

[*8] 子どもたちの振り返りは、すべて当該児童の許可を得て掲載しています。また個別のエピソードに関しては、当事者の許可を得た上で、個人が特定されないよう、情報を整理し掲載しています。

ている差別は、①菌あつかい（する人はもういなくなった）、②トランプ大統領の入国禁止令、③障害者の入店禁止など。

学級通信『明るい表通りで』145号より抜粋

『リトルダンサー』の感想

・ビリーは男の子だからといって、バレエをすることに対して父親は反対していた。でも授業でやったように男だから、女だからにとらわれていると思う。ビリーがかわいそうだった。男でもバレエをやっている人はいるし、男だからやっていけないとかないから。今まで習ってきたジェンダーやステレオタイプがこの映画では表現されていた。私は、この映画はまさに、生と性の授業のまとめだと思った。

・男がバレエをやるのは変ではありません。僕のいとこの男の子が実際にバレエをやっているからです。その子は昔からダンスが好きで、バレエ教室に体験で来た時に、まああたりまえですが、女子しかいませんでした。その時は発表会の後の練習だったので、大勢の大人たちがいました。僕のいとこが入っていくと、大人たちに「え、男子でバレエなんて、まじでよくやる勇気があるわねえ〜」と悪口ばかり言っていました。僕はぎ問に思いました。なぜバレエをしてはいけないのかと。あの大人たちはなぜあんな悪口を言ったのか。生と性の勉強をして、リトルダンサーを見て、僕は男、女のスポーツなんてない！人生一回しかないから好きなことをやれ！と思いました。

学級通信『明るい表通りで』155号より抜粋

06_6年生　セクシュアリティについて学ぶ

1学期、クラスでいじめがおきました。そのことをきっかけに、差別について考える時間をつくり、「今社会にどんな差別があると思う？」と子どもたちに問いかけてみました。すると、ある子どもが「LGBTの人たちへの差別」と言いました。しかし、その言葉に対してポカンとしている子もいれば、深くうなずいている子もおり、性的マイノリティの問題は問題意識の差が顕著に出るテーマだと感じました。

世の中の「ふつう」に対する私の生きづらさ、クラスで起きたいじめ、子どもの口から出たLGBTという言葉。やはりジェンダーバイアスだけでなく、セクシュアリティも子どもたちと一緒に学ぶ必要があると思いました。

しかし、セクシュアリティといったトピックを子どもに語るとき、いちばんの心配は保護者の反応でした。実際に「時期尚早なのでは？」という声も。その背景には、ネットで「ゲイ」と検索するとおびただしいポルノ系サイトがヒットするなど、偏ったイメージばかりが強調されていることがありました。こうした声に対し、学習のねらいをきちんと伝えず実践を行うと、保護者の不安をかき立てると思いました。そこで、学級通信で学習のねらいを伝え、子どもたちに授業をする半年前の６月の土曜参観日に、トランスジェンダーである中島潤氏（当時武蔵大学大学院生、現在NPO法人ReBit[*9]職員）を講師にむかえ、保護者向けの講演会を行いました。

性の多様性にかぎらず、もし子どもがその子らしさを持つがゆえの生きづらさを感じているのなら、そこに寄り添える大人であってほしい。もし、子どもの親友が悩んでいるのなら、拒絶するのではなく理解しようと耳を傾けられる大人であってほしい。そんな願いを込め、講演会のタイトルを「子どもの自分らしさを大切にする子育て・教育を考える〜多様な性の視点から」にしました。保護者たちの反応は総じて好意的で、実践の手応えを感じました。

[*9] ReBit：小中高大、教育委員会、行政などで児童・生徒・学生、保護者、教職員、市区町村職員に、多様な性に関する授業・研修を実施しているNPO法人（https://rebitlgbt.org）。

学習のねらい　なぜ今、性の多様性について学ぶのか？[*10]

2015年に文科省は、「性同一性障害に係る児童生徒に対するきめ細かな対応の実施等について」という通知を出し、学校における「性同一性障害に係る児童生徒や『性的マイノリティ』とされる児童生徒に対する相談体制等」の充実と、「学級・ホームルームにおいては、いかなる理由でもいじめや差別を許さない適切な生徒指導・人権教育等」の推進を求めました。

その上で、文科省は「他者の痛みや感情を共感的に受容できる想像力等を育む人権教育等の一環として、性自認や性的指向について取り上げる」際に、児童の発達段階を踏まえた影響等についての配慮や、教育の中立性の確保に十分な注意を払うことを学校現場に求めています。つまり、一部のセクシュアリティ（性別違和のない異性愛）に偏った教育ではなく、さまざまなセクシュアリティの子どもたちが自己や他者の性について学ぶ機会を保障する「中立性」が、学校現場に要請されているということです。このような時代や社会の趨勢や、子どもたちが置かれている実態を鑑み、「生と性の学習」では性の多様性について学ぶ機会を設けることにしました。

子どもたちは中学生になるにあたり、自身の性のあり方だけでなく、学校で出会う他者（クラスメイトや部活の先輩や後輩など）の性のあり方とも向き合うことになります。自分がもし性的マイノリティだったら？大事な友達がもし性的マイノリティだったら？社会の「ふつう」と異なるというただそれだけの理由で、自分や他者を否定・排除する道を選ぶのではなく、自分の異なる他者と豊かな社会を作

*10 参考文献として、渡辺大輔「『ガイダンス』のなかの『性の多様性』」『季刊セクシュアリティ』No.82 、エイデル研究所、2017年、30〜37頁。

り上げていく道を選べる人になってほしいという願いをこめてこの授業を行います。

学級通信『ぼくらが旅に出る理由』123号より抜粋

子どもたちには卒業間近の２月に、保護者向けの講演と同じ内容を子ども向けにアレンジした「『ふつう』ってなんだろう？」という授業を行い、多様な生き方や性のあり方を学ぶ時間を設けました。そして翌日の授業で、中島氏と友人は、２人がどのように出会い、仲を深めていったかを語ってくれました。中島氏の友人はシスジェンダーであり異性愛者の男性ですが、中島氏とは、演劇と差別といった共通の趣味や関心を持っています。２人はお互いが心地よく過ごせるよう対話を通じ、セクシュアリティを超えた友情を築きあげてきました。中島氏の友人は、トランスジェンダーの中島氏が望む呼称など、わからないことは率直に聞き、お互いが心地よく過ごせるよう心のハードルを１つずつ下げていったと話してくれました。そんな２人の対話を通じ、他者の感覚を完全に理解することはできないけれど、理解できない他者と共存していくことはできるということを子どもたちに伝えました。

「『ふつう』ってなんだろう？」という授業は、中学でより多くの出会いを経験する子どもたちへの餞の授業として、卒業式の数日前に行いました。人間の多様性とは、１人ひとりのありようの違いを意味し、性別、国籍、セクシュアリティ、障害の有無といった属性だけでなく、関心、信条、問題意識といった個人的なアイデンティティも含みます。授業で中島氏と友人が見せてくれた関係は、子どもたちにとって１つの望ましいロールモデルとして、外国人や性的マイノリティ、障害者などといった属性だけでその人間に対して偏見を持ち、排除することの不毛さを私たちに教えてくれました。

この授業後、「卒業式の呼称は『くん』『さん』の使い分けではなく、『さん』で統一するべきではないか？」という提案が子どもたちから出されました。これまで卒業式の呼称を、「身体の性」によって使い分けていた桐朋小学校において、呼称の統一は画期的な出来事でした。

07_知識を学ぶこと、語りを聴くこと

このような提案が子どもたちから出されたのは、「生と性の授業」の中でSOGIEという概念を学んだだけでなく、中島氏のライフヒストリーを追体験したことによるところが大きいと考えています。つまり、セクシュアリティについての基礎知識の学習と、中島氏とその友人の人柄や２人の関係への共感[*11]が子どもたちの人権意識を高めたのではないかということです。

知識を学んでも当事者に心を寄せる経験がなければ（情動的共感なしの認知的共感）、子どもの反応は、政治的正しさに囚われたままで終わり、自分の発言に用心深くはなりますが、行動は型にはまった人目を気にしたものになりがちで、洞察や分析はできても当事者に冷たいものとなってしまうでしょう。逆に、知識を十分に学ばず、当事者のライフヒストリーを聞いて「感銘をうける」だけでは（認知的共感のない情動的共感）、当事者に対する、上から目線の「哀れみ」や「善意」が子どもたちに広がってしまうおそれがあります。

そのため、「異質な他者に対して共感しよう」と子どもたちの心情に

[*11] 心理学者のポール・ブルームは、共感には２種類あるとしている。１つは「認知的共感」で、自分とは異なる他人の気持ちや考えを推論し、知識に基づいて理性的に理解するというもの。もう１つは「情動的共感」で、他者の心理状態を感情的に共有、同期しようとするものであり、この人が好きだから、自分もこの人と同じように感じる、思えるというもの。前者は理性に基づいた共感であるがゆえに、ある程度オン・オフの切り替えができる一方で、後者は無意識的に湧き出るもので、オン・オフの切り替えがなかなか難しい特徴を持っている。学び手の中から、それをいかに湧き出させるかが、情動的共感を担保する上で重要。（永井陽右『共感という病』かんき出版、2021年等を参照のこと。）

ただ訴えかけるのではなく、情動的共感と認知的共感の両方を子どもたちが得られる機会を保障する必要があります。多様性や社会的公正を効果的に教えるためには、感情と知性の両方に働きかけることが重要です[*12]。実際に当事者を呼ぶことができなくても、性の多様性について子どもたちと一緒に学べる教材[*13]もあるので、利用してみるのもいいでしょう。

ただ、留意点もあります。たしかに、当事者をゲストスピーカーとして呼ぶのは、子どもたちが多様性を理解するための貴重な機会になることは間違いありません。しかし、「語る当事者」と「聞く非当事者」という関係性自体を問い直さないかぎり、マイノリティ対マジョリティという構造は解体されず、異質な他者（＝当事者）の話を聞く「“ふつう”の私たち（＝非当事者）」の自明性が問われることはありません。このように、シスジェンダーで異性愛が前提になっているこの社会自体が不問に付されるかぎり、性的マイノリティのゲストスピーカーに「語ってもらう」、マジョリティの「語らせる」権力も不問に付されたままになります[*14]。日本の性教育を研究している堀川修平氏はこの構造に対し「マイノリティはマジョリティのための都合のよい教具・教材ではない。」[*15]と鋭く指摘します。

このような不均衡な構造を解体するためには、教員も子どもたちも自身のセクシュアリティを問い直し、考え続ける機会が実践を通じてつねに担保されることが重要です。「生と性の授業」では、授業後の振り返

*12 ダイアン・J.グッドマン『真のダイバーシティを目指して　特権に無自覚なマジョリティのための社会的公正教育』上智大学出版 、2017年等を参照のこと。
*13「Ally Teacher' s Tool Kit（アライ先生キット）」ReBitにより制作された、子どもに多様な性について教えるための教材キット（https://rebitlgbt.org/project/kyozai/shougakko）。
*14 加藤慶・渡辺大輔編著『セクシュアルマイノリティをめぐる学校教育と支援　増補版〜エンパワメントにつながるネットワークの構築にむけて〜』開成出版、2012年等を参照のこと。
*15 堀川修平『気づく立ちあがる育てる　日本の性教育史におけるクィアペダゴジー』エイデル研究所、2022年等を参照のこと。

りだけでなく、子どもたちの自主的な学びや私自身の気づきも学級通信で共有し続けました。学びを通じて、他者がどのように自身や社会に対する認識を変えていったのかを目の当たりにするうちに子どもたちは、「聞く非当事者」から「語る主体」へと徐々に変わっていきました。

【子どもたちの振り返りから】

・心から感じたのは、見た目の判断はいけないと思いました。中島さんも言っていましたが、自分の認識する性別。それが「ふつう」なのではないかと思いました。女性だから女性として生きること、男性だから男性として生きること。むしろそういうことが「特別」なのではないかと思います。自分で決めること。それが「ふつう」ということなのではないかと思いました。また、「らしさ」とありましたが、男らしさ、女らしさではなく、自分らしさを出すべきだと思いました。そして女性として生まれたけど、男性として生きる人がいます。学校では「もっとかわいいのにしなよ〜」と言われて、それがふつうと思い込んでいた中島さん。今は、ちゃんと自分の意見を主張すればよかったと中島さんは言っていましたが、ごもっともだと思います。中島さんの授業で、僕は自分のジェンダーへの意識を変えたいなと思いました。

・ふつうとは何か、あまり深く考えたことがなかったです。でも今回の話を聞いてふつうであることがどういうことか、また、LGBTとは何かがわかりました。みんなと一緒なことが自分にとっての幸せと限らないし、自分の意思や思いまでなくして、男らしさや女らしさを優先させるのは、一人一人が生きやすい社会ではないと思う。全員が性別や性格が一緒なんてことはありえないから、十人十色という言葉のように、一人一人が違うからこそ新しく見えてくるものがあると思います。だから、一人一人を受け入れて尊重し合うことが大切だと思いました。ふつうという言葉。それは誰かが勝手に基準を作り、それで人を判断し差別がおこってしまうのはとてもおかしいです。人は誰かの救いになったり勇気になれることは誰でも実現できるものだし、相談に乗ってあげることでその人の悩みを解決することができるのはステキだと思うし、良いことだと思います。必ずしも、「らしさ」に従うことや周囲に合わせて自分の意思を捨てる必要はないということを学びました。今回の授業を通じて、LGBTに対する考え方が変わったし、ふつうの意味がわかりました。だから私も一人一人を尊重する人になりたいと強く思いました。

・差別の言葉を聞いたりすることが増えていますが、嫌悪感だけ感じ、特に気にすることなく生きてきました。今回、このような機会があって様々なことを知り、自分が一緒になって笑っていたことがどれだけおろかで、恥ずかしいことかよくわかりました。かつ、この日本では自由であることを重視している憲法があるにもかかわらず、LGBTの人々のことをもともとよく知らなかったり、異常だとして肩身の狭い思いをさせ、差別し、結婚できない社会を作っている。こんな社会を私たちが変えていかなければならないと思いました。中島さんは最初会った時には男かなと思いましたが、高く、よく通るきれいな声だったので、女の人だなと思いました。これも偏見の一部だと思いました。

08_低学年 「男は強くていいけど、女は弱くてダセえ」のか？

６年生たちが卒業した翌年、私は低学年の担任になりました。ある日、１人の女の子が日記帳で「先生あのね。『男は強くていいけど、女は弱くてダセえ』と言ってくる男子たちがいて、すごく腹が立ちます。話し合いをしたいです。」と怒りを吐露しました。それを読んだ私は、彼女の怒りを見過ごしてはいけないし、包括的性教育のための題材になると思い、急遽クラスで話し合いの時間を設けました。

まず、子どもたちにそのような発言を今までに聞いたことがある、言われたことがあるか聞いたところ半数以上の子どもが手を挙げました。実態をみんなで共有した上で、「強さ」それ自体に良い・悪いもないということを確認し、そこに男女という性別を紐づけることの滑稽さや無意味さを実感させました。そして、子どもたちに自身の過去の体験を振り返ってもらい、共有しました（板書写真参照）。

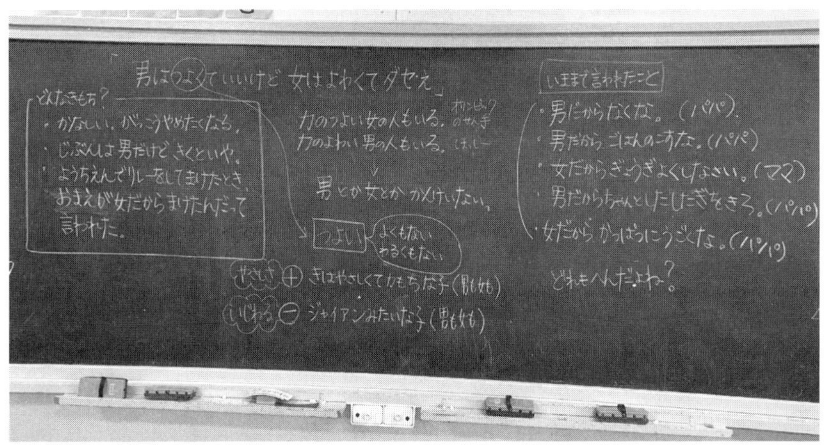

笑い声も上がる中で、楽しく話し合いが進んでいきました。子どもたちの声に耳を傾けていると、家庭でこの手のジェンダーバイアスを強化する声かけを親（とくに同性の親）からされているようでした。

「もしおうちの人が『男だから〜』、『女だから〜』って言ってきたら、男女関係ないと思うって言ってごらん」と伝えたところ、子どもたちは力強くうなずいていました。印象的だったのは、まさに「男は強くていいけど、女は弱くてダセえ」発言をした男子たちが「言いたいけど、きっと言ったらお父さんに怒られるから言えない」としょげていたことでした。その子の発言を受けて、「僕も！」、「私も！」とほかの子どもたちから声があがりました。想像していたよりも、とくに男子たちの反応がよかったことが印象的でした。

翌日、この話し合いについて書いた学級通信を配りました。授業の様子を共有するだけでなく、今後子どもが保護者のジェンダーバイアスを指摘したときは、どうか怒らずに自分の言動を振り返ってほしい、むしろ子どものジェンダー平等的な意識の高まりを褒めてあげてほしい、このことに対し、もし異論があるならば、子どもを叱らず私に直接言ってほしいということも伝えました。

低学年の男子たちが、ジェンダーバイアスに対する不満をじつは持っていたということに驚いたと同時に、それを明確に言語化することの必要性を強く感じました。高学年に比べ、ジェンダーの「らしさ」にまだとらわれていない低学年だからこその素直な反応に、私は驚きと喜びを感じました。

09_なぜ私は自分のセクシュアリティを語るのか

本稿を書くにあたり、私自身のセクシュアリティについて言及するかどうか悩みました。子どもたちや保護者との関係が壊れてしまうのではないかと不安でしたし、私がゲイであることを明かした上で実践を語ることは、非当事者の教員たちに「ああいう実践は当事者だからできるのであって、非当事者の自分にはできない」と思わせてしまうのではないかと危惧していたからです。

また、私が当事者であることを知っている教員たちからは、「思い入れが実践に反映されすぎているのではないか」「授業時数が多すぎる」といった指摘も受けました。しかし、もし私がシスジェンダーの異性愛者の教員であった場合、はたしてそのような指摘はされたでしょうか。

差別について語るとき、被差別側、つまりマイノリティ性の高い人間はリスクにつねに晒(さら)される抑圧がある一方で、マジョリティ性の高い人々は、好意的に捉えられがちであるといわれています[*16]。

具体的な例として、面前で行われたセクハラに対して、被差別側の女性が抗議の声をあげても、その声は「感情的」なものとして軽く捉えられてしまいがちですが、男性による抗議の声は「中立的」なものとして、男性優位社会において、女性の声よりも重く、影響力を持って受け止められるのは多くの人々が持っている実感でしょう。

ゲイというマイノリティ性を持つからこそ、ジェンダーやセクシュアリティについて私が語るとき、それが「感情的」で「非中立的(政治的に偏っている)」と捉えられ、自分の実践が同僚や保護者たちから「ひとりよがりだ、過剰反応だ、マジョリティを非難している、自分の意見をおしつけている」[*17]という批判を受けるのではないかという恐怖がありました。であれば、あえて自身のセクシュアリティに一切言及せずに、シスジェンダーの異性愛者として自らを“擬態”し実践を発信することは、実践に「中立性」と「客観性」を担保する上で有効であるだけでなく、バッシングを受けにくいのではないか。私がこれまで実践を語るときに、自身のセクシュアリティについて明かしてこなかったのには、このような理由もありました。

一方で、私が40年あまり生きてきた中で感じてきた、怒り、悲しみ、喜びといったさまざまな感情の蓄積から生まれた「生と性の授業」を自分の分身のようにも感じています。ですから、自分のセクシュアリティを切り離して実践報告をすることは、私にとっては自己欺瞞(じこぎまん)でもあるし、異性愛を唯一の性的指向とする異性愛規範の強化と再生産に与しか

*16 NHKハートネット「あなたは優位な立場かもしれない　気づきにくい“特権”とは」(https://www.nhk.or.jp/heart-net/article/674)
*17 前掲『真のダイバーシティを目指して』等参照のこと。

ねず、それは私が望むことではありません。また、私が自分自身を語らずにこの実践報告をすることで、「生と性の授業」が、文脈を無視した単なるノウハウの集積として読者の皆さんに伝わってしまうことだけは避けたいと思いました。

私は同僚の理解に支えられ包括的性教育を行っていますが、そのこと自体、複数のアドバンテージに支えられていると感じています。実践の自由がある程度保障され、人権問題に関心を持つ同僚や保護者が多い都市部の小学校に勤めているということ。そして、40代のシスジェンダー男性であるということ。これらのアドバンテージがあったから、私の実践が保護者たちや社会に好意的に受け止められたのかもしれません。自分自身の実存と向き合い、不安と葛藤を抱えながら実践をつくりあげてきたとはいえ、そのような意味においては、「生と性の授業」は「下駄をはかされて」実現した実践ともいえます。もし私が若い女性やトランスジェンダーで、保守的な価値観に覆われた小学校に勤めていたならば、この実践の実現に大きな困難を伴っていたかもしれません。

性別二元論と異性愛主義を前提とした男性優位社会の教育現場では、女性や性的マイノリティの問題は往々にして優先順位が低いものと見なされ、後回しにされがちです。このような現状を変えるために、やはり鍵を握るのは、シスジェンダーで異性愛者の男性です。ですから、シスジェンダーで異性愛者の男性には、自身のマジョリティ性から由来する特権や発言力を自覚した上で、共に声を上げてほしいのです。

しかし、数々のジェンダーに関する研修の講師をしてきた経験を思い出し改めて実感するのは、男性の参加者が驚くほど少ないということです。

彼らが、ジェンダーやセクシュアリティについて学び、マジョリティに対する教育を行う主体の一部となることで、包括的性教育をめぐる閉塞した事態が変わる可能性が一気に高まるはずです。

とはいえ、シスジェンダーで異性愛者の男性は彼らなりに、不安を抱えているのだろうなとも思います。包括的性教育の必要性は感じつつも、マジョリティ性の高い自分が、ジェンダーやセクシュアリティに関する実践をする資格があるのだろうかと尻込みしてしまうのかもしれません。また、無知を自覚しているからこそ、マイノリティを無自覚に傷つけてしまうのではないか、間違ったことを言って責められるのではないかという恐怖があるのかもしれません。

私が包括的性教育の実践に躊躇(ちゅうちょ)しているシスジェンダーで異性愛者の男性たちに、伝えたいのは、間違わないに越したことはないけれど、たとえ間違ったとしても学んで自分のあり方を見直し、相手と誠実に向き合えば、そこから豊かな人間関係が広がる可能性があるのだから、ジェンダーについて一緒に学び、包括的性教育の実践を共につくりあげていきませんかということです。

私は自分の無知で他者を傷つけてしまったことがあります。シングルマザーの女性教諭と話していたとき、「片親」という言葉を使ってしまい、彼女から「片親じゃなくてひとり親って言うのよ」と指摘を受けました。そのとき、自分の無知が恥ずかしく、防衛的な気持ちになってしまい、「いちいちそんな風に指摘しなくてもいいじゃないか」と思ってしまいました。しかし、相手の指摘に反論したくなる気持ちは、マジョリティ性の高い家族で育ってきた私自身の尊大さと気づき、彼女にその後、謝罪したことを今でも鮮明に覚えています。この一件で、彼女とはジェンダーをはじめとする人権問題について語り合うようになり、関係がより深まったように感じています。

この出来事で、多様な家族のあり方に対して無関心でいられた自分の特権に気づき、家族観をアップデートすることができました。すると、自分の学びを子どもたちにも共有したい気持ちが強くなり、教室で多様な家族のあり方をテーマにした絵本[*18]の読み聞かせをしました。ほんの小さなエピソードではありますが、これも包括的性教育の実践になるのではないでしょうか。

このように、性について考えることや、自分のセクシュアリティを見つめることは、自分自身を新たに発見し、他者に対する理解をより深めることにもつながります。自分や他者の多様な側面を発見し続けることは、純粋に楽しいものです。偏った「らしさ」にとらわれることなく、しなやかさを持ち続けることは、多様な幸せを理解し、祝福することにもつながると思うのです。

10_持続可能な包括的性教育のために

ここまでいくつかのエピソードを紹介してきましたが、いちばん大切なのは、持続可能な包括的性教育の実践を模索していくことです。入念な学習指導案や教材を用意して、何時間もかけて授業研究を行うことは大切なことかもしれませんが、多忙すぎる毎日の中で、そのような授業研究は持続可能ではないし非現実的に思えます。

包括的性教育は授業だけにとどまらず、日常的な教育的営みを通じて行うことができます。たとえば、子どもたちのちょっと気になる発言に対し立ち止まり、みんなでざっくばらんに話し合ってみたり、教材が性別役割分担や、異性愛主義、性別二元論を強化していないか見直してみたり、「ふつう」と思われている学校内のジェンダー規範に対し問題提

*18 「世界にはさまざまな家族の形がある」として、前掲『国際セクシュアリティ教育ガイダンス』では、家族の多様性について、5～8才で学ぶこととされている。家族の多様性を学べるおすすめの絵本として、『たまごちゃん、たびにでる』（フランチェスカ・パルディ 文、アルタン 絵、イタリア会館出版部、2013年）『タンタンタンゴはパパふたり』（ジャスティン・リチャードソン、ピーター・パーネル 文、ヘンリー・コール 絵、ポット出版、2008年）『ようこそ！あかちゃん　せかいじゅうの家族のはじまりのおはなし』（レイチェル・グリーナー 文、クレア・オーウェン 絵、大月書店、2021年）等がある。

起をして校則について考え合ってみたり、教員自身が日頃感じているジェンダーに関する生きづらさを子どもたちに率直に開示してみたり、日常生活の文脈の中で包括的性教育の実践をつくっていく糸口はたくさんあるはずです。

11_エピソードを語り合うこと

包括的性教育の実践を広げていくために、日頃の子どもたちとの関わりや教員自身の振り返りがエピソードで語られる場が確保される必要があります。実践を、学習指導案やノウハウといった形に落とし込み言語化することは、実践の一般化と普及のために必要ですが、もともとあった豊かな文脈を削ぎ落としてしまう可能性があります。包括的性教育において、その教員の持つジェンダーや人権に対する感受性は、むしろ削ぎ落とされた文脈の中に息づいています。

言語化し難いこの感受性は、出自、属性、生育歴によって、長い年月をかけてつくりあげられる部分が大きいため、個人差があるのは事実ですが、誰もが体得可能なものであり、その上書きやバージョンアップはいくらでもできるということも強調しておきたいと思います。包括的性教育は、決して女性や性的マイノリティといったマイノリティ性の高い人たちしかできない教育ではありません。たしかに、私の性的マイノリティとしての経験は私にしか経験することはできませんが、だからといってマジョリティ性の高い人たちが私の経験を理解できないわけではないからです[*19]。

ジェンダーや人権に対する感受性を高めることは、より多くの「政治的に正しい」言葉の羅列を覚えることではないはずです。さまざまなエ

[*19] 小手川正二郎『現実を解きほぐすための哲学』トランスビュー、2020年等を参照のこと。

ピソードに耳を傾け、多様な教員たちのあり方や価値観に触れること。その積み重ねこそが、日々の実践の中で、自分自身のあり方に疑問符を投げかける姿勢や、「この場面、あの先生だったらどういうふうに対処するかな」「この言葉、あの先生はスルーしないだろうな」など、他者のあり方を参照する姿勢につながるのではないでしょうか。

最後に、私の座右の銘で、本章を締めくくりたいと思います。

「教師としてできることは、『特別なニーズ』がある生徒として『性的マイノリティ』を位置づけるのではなく、異性愛中心主義や性別二元論によらない教室づくりを行い、憎悪発言、性差別、特定の生徒の不利益などが生じないように努力を続けることよりほかにない。」

（岩川ありさ「ようこそ、この教室へ：異性愛主義と性別二元論を超えて」『高校生活指導』202号、全国高校生活指導研究協議会、2016年、48～51頁）

（星野俊樹）

2. 包括的性教育の授業実践～教室には必ず「当事者」がいることを忘れないで～

01_本節の背景

2009年にユネスコが中心となって作成した『国際セクシュアリティ教育ガイダンス』（前掲）が2017年に日本語訳され、「包括的性教育」という名称が注目を集めました。2018年に発行された改訂版では、5～18歳以上を４段階に分け、それぞれに対応した学習目標を設定し、各人が持つ人権に基づいて８つのキーコンセプトを繰り返し学ぶことを求めています。また、キーコンセプトの１つに本節のテーマに深く関わる「セクシュアリティ」が含まれています。

国内においては、学校における性的マイノリティ当事者への支援に関心が集まり、文部科学省が「性同一性障害に係る児童生徒に対するきめ細かな対応の実施等について」(平成27年4月30日)を通知するなどの動きがあります。しかし、通知の翌年に発行された教職員向けのリーフレット[*20]によると、性に関することを学校教育の中で扱う場合は、いわゆる「はどめ規定」が関係してくることが読み取れます。はどめ規定とは、「学習指導要領の「内容の取扱い」において、当該内容を扱うことを前提にした上で、その扱い方を制限する規定のことです[*21]。文部科学省は、学校内で性に関する指導を行う場合は、次の3点に留意することを求めています[*22]。

- 教職員の共通理解を図るとともに、児童生徒の発達段階(受容能力)を十分考慮することが重要であること
- 家庭、地域との連携を推進し、保護者や地域の理解を十分に得ることが重要であること
- 集団指導の内容と、個別指導の内容の区別を明確にすること　等

文部科学省は、2008年にはどめ規定の見直しについて「これらの発展的な内容を教えてはならないという趣旨ではなく、すべての子どもに共通に指導するべき事項ではないという趣旨であるが、この点の周知が不十分であり、趣旨が分かりにくいため、記述の仕方を改める必要がある」と述べています[*23]。しかし、依然として、はどめ規定は変更・撤

[*20] 文部科学省「性同一性障害や性的指向・性自認に係る、児童生徒に対するきめ細かな対応等の実施について(教職員向け)」(https://www.mext.go.jp/b_menu/houdou/28/04/__icsFiles/afieldfile/2016/04/01/1369211_01.pdf)

[*21] 文部科学省「新学習指導要領における、いわゆる「はどめ規定」について」(https://www.mext.go.jp/b_menu/shingi/tosho/003/gijiroku/08090901/004.htm)

[*22] 文部科学省「4. その他ー健やかな体を育む教育という観点から、今後、学校教育活動全体で取り組むべき課題についてー」(https://www.mext.go.jp/b_menu/shingi/chukyo/chukyo0/toushin/attach/1395097.htm)

廃されていません。そのため、教職員や保護者、地域の理解なくしては性教育を実施することができないと解釈することができます。また、授業時数の確保が難しく、授業実施のハードルが高いように感じられるのは必然です。

そのため、「悩みを抱えている児童生徒のために・抱える違和感を言語化できていない児童生徒のために・知識がなく偏った言動を取ってしまっている児童生徒のために、性的マイノリティを題材とする授業をしたい」と思い立っても、なかなか実施できないという問題があります。私はこの状況を変えるべく、大学院で授業づくりについて学び、授業を実践し、研究事例を積み重ね、包括的性教育の推進に係る政策提言に向けた準備を進めています。本節では、授業の構想や実践、日頃の児童生徒との関わり方において参考にしていただきたいことと、私の取り組みを紹介します。

02_教室には必ず「当事者」がいることを忘れないで

性教育にかぎらず、マイノリティを題材にした授業を実施する上で気を付けなければいけないことの1つに、「教室には必ず当事者がいること」が挙げられます。これは多くの実践で留意されていることであり、容易に気がつくことです。しかし、これと同時に「その教室には当事者に対して否定的な意見を持つ者もいること」にも留意する必要があります。

1つの事例を紹介しますと、田中ら（2018）の研究では、「LGBTについてどう思うか」という問いに対し、高校生246人のうち、約110人

*23 文部科学省「幼稚園、小学校、中学校、高等学校及び特別支援学校の学習指導要領等の改善について（答申）」平成20年1月17日（https://www.mext.go.jp/b_menu/shingi/chukyo/chukyo0/toushin/__icsFiles/afieldfile/2009/05/12/1216828_1.pdf）

が肯定的な意見であり、約40人が「いいとも受け入れたいとも思わない」、約40人が「そういうものには関心がない」、約５人が「受け入れがたい」と答えています[*24]。つまり、性的マイノリティ当事者に対して否定的な意見を持っている生徒が少数いるということになります。また、電通ダイバーシティ・ラボ（2021）は、全国20〜59歳の計60,000人を対象に、LGBTを含む性的マイノリティに関してインターネット調査を実施・分析しており、「批判アンチ層」が5.7%いることがわかっています。メディアの影響で「いじってもよい存在だ」と誤認している方も少なくないと考えられます。

性的マイノリティ当事者は、あなたの教室に必ずいます。間違った情報によって彼らを傷つけてしまう児童生徒も残念ながら、いることでしょう。そんな彼らの前で、あなたはどんな授業を、どんな言動をしますか。たとえば、掃除の時間に重い荷物を運びたいときには「重たいもの運ぶから、男子何人か手伝ってくれ」という声かけをしていませんか。休み時間に子どもの作品を壁に貼りたいときには「手が空いている女子、先生のこと手伝って」という声かけをしていませんか。ここで男子・女子という枠組みを使う必要はありません。普段の何気ない言動にバイアスがかかっていないか、ぜひ考えてみてください。

03_「理解」ではなく「認知・認識」を意識して

次に、授業の内容に関する留意点として、「理解」と「認知」の履き違えがあります。以前、性的マイノリティ当事者の方にお話を伺っていた際に印象的だった言葉があります。

*24 田中敏明・貞末俊裕・武谷美咲「LGBTの知識と理解に関する世代間格差」『九州女子大学紀要』54(2)、2018年、115〜127頁

自分はすべての人々に受け入れられることは期待していない。ただ、自分のような性的マイノリティが社会から排除されているような制度や設備をなくして、ありのままに生きたい。ただそれだけのこと。

既存の授業では、性的マイノリティが「存在していること」を「理解するよう」に促している実践が散見されますが、これは児童生徒にとってよい実践であるとはかぎりません。むしろ、危険と隣り合わせの授業であると考えられます。前述したように、否定的な立場をとる生徒がいると、特定の性別に対する蔑視や同性愛嫌悪を連想させる言葉が飛び交い、教室内にホモソーシャルな場を生み出してしまいかねません。

また、授業で性的マイノリティを取り上げることは、「性的マイノリティが社会において特別である」という考え方を生徒に与え、その問題が他人事であるように捉えさせてしまう可能性があります。これでは、SOGIEという考え方からは大きく離れてしまい、さまざまなラベルの中の1つに自分たちも属しているという感覚が失われてしまいます。先述した当事者の言葉によれば、性的マイノリティと呼ばれる方々に対しては「ああ、そういう人もいるんだ」程度の認知でよく、理解することを無理に求める必要はないのではないでしょうか。理解させること以上に、「なぜマジョリティとマイノリティという構造が生まれてしまっているのか」といった根本的な問題を認識させることが重要です。

04_実践例 — 同性婚法制化に係る民法一部改正案の検討・提言を題材とした授業

以上の点を踏まえ、当事者および非当事者が共存する教室において、マイノリティの事情や存在について理解することを端から強要せず、当事者が抱える困りごとに触れ、問題の認識を促す授業の開発が必要であると考えられます。そこで、私は同性婚法制化に係る民法一部改正案の検討・提言を題材とした授業を開発しました[*25]。

この授業は、『国際セクシュアリティ教育ガイダンス【改訂版】』で人権・権利を強調していることから着想した、中学２年生向けの社会科の授業２コマになっています。ガイダンスを確認すると、キーコンセプト「人権、セクシュアリティ」における中学校段階（12〜15歳）の学習目標は、以下のように示されていました。

キーアイデア　すべての人の人権は、性と生殖に関する健康に影響を与える権利を含んでいる

学習者ができるようになること

・性と生殖に関する健康に影響する人権を説明する（知識）
・これらの権利に影響する地域や国の法令について議論する（知識）
・これらの権利の侵害を認識する（知識）
・社会には、人権侵害により脆弱な人々がいることを認識する（態度）
・性と生殖に関する健康にかかわる者も含め、すべての人の人権を尊重することをはっきりと示す（スキル）

中学校段階では、自他が権利を有することを認識するに留まらず、権利に影響する地域や国の法令について議論することや人権侵害により脆弱な人々がいることを認識するといったことが含まれていました。これを踏まえて、日本国内において法令によって権利が守られていない事象を考える学習活動を行うこととしました。さらに、当事者に対して否定

*25 郡司日奈乃「同性婚法制化に係る民法一部改正案の検討・提言を題材とした中学生向け授業の開発」、藤川大祐編 千葉大学大学院人文公共学府研究プロジェクト報告書 第363集『多様性を尊重する授業デザインに関する研究』2021年、21〜30頁

的なイメージをすでに持ってしまっている生徒が教室にいるかもしれないこと、「理解すること」を押し付けない授業にすることに留意し、制度の実情について考える授業内容を検討しました。授業で扱った「同性婚」は、市民が司法の場で権利を訴える活動を行うなど、注目を集めている社会問題の１つです。偏見や差別によって法律が改定されていないという実情を考える題材として、同性婚は適切であり、ニュース等で報じられていることから生徒も見聞きしたことのある話題であると考えられます。以上を踏まえて、異性婚を前提に構成されている民法の条文を見直す、といった授業および教材を開発しました。

また、この授業では「アドボカシー」という考えを取り入れました。アドボカシーとは、社会的弱者やマイノリティなどの権利擁護をするために社会に対して「課題広報」や、「政策提言活動」を行うこと全般のことといわれています[*26]。つまり、誰かが困っていることを代弁し、問題に対して世の中の関心を高め、既存のルールを変えるために解決策を提案することです。２時間という限られた時間に合わせて、解決策の提案に活動内容を絞り込み、同性婚法制化に向けたアドボカシーを行う空間を構築しました。これによって、生徒自身が性的マイノリティに対してどのような感情を抱いているのかを表出することなく、性的マイノリティに関連する政策を主権者として共同して学ぶことができるようになることをねらっています。

こうして、生徒たちは「同性婚法制化に向けた民法一部改正案の作成に協力してほしい」という依頼を受け、婚姻に関する民法の条文を見直すことになります。改正案を考えるために、まずは条文内にある「妻」「夫」という性別を感じさせる表現を直していくことから検討しました。

[*26] 明智カイト『誰でもできるロビイング入門　社会を変える技術』光文社、2015年

憲法と法律の関係

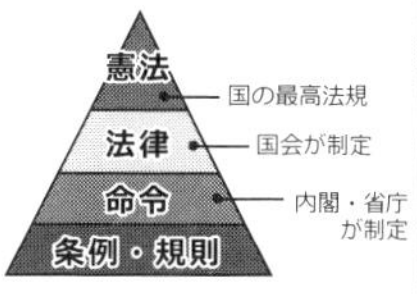

憲法は「**国の最高法規**」
→国会が制定する法律が憲法に違反する内容であった場合，**無効**になるため，憲法の内容と異なる法律をつくることはできない。
→ルールを作る上での効力の強さは，**憲法 ＞ 法律 ＞ 命令 ＞ 条例・規則**の順である。憲法の内容を実現するための「法律」があり，それを補うものが「命令」，それぞれの地域に合わせたものが「条例・規則」である。
→法律などに書かれている文章のことを条文という。

憲法における同性婚

憲法第14条

すべての国民は法の下に平等であり，いかなる理由によっても差別されない。

山崎聡一郎『こども六法』弘文堂、2019年、167頁

憲法第24条1項

結婚は，両性の合意だけで成立し，夫婦は同じだけの権利を持つことを基本として，お互い協力して暮らしていかなければならない。

山崎聡一郎『こども六法』弘文堂、2019年、171頁

憲法に詳しい専門家によると…

憲法を作った当時は，男性・女性のみが存在することを想定していたことは否定できない。だが，人間の性のあり方が多様になった現代社会では，性的指向（その人の恋愛感情や性的関心が，どの性別を対象にしているか）に基づく差別も性別による差別に含めるべきであると解釈できる。

HUFFPOST「同性婚できないのは違憲」同性カップルが、国を初の提訴へ。木村草太さん「憲法は同性婚を否定していない」（https://www.huffingtonpost.jp/2018/11/29/same-sex-marriage-suit_a_23604105/）

昔は封建的な家長制度といって，家長（父親や長男など）の許しがない限り，結婚をすることが許されなかった。今の憲法を作るときにこの制度を否定し、愛しあう2人の合意のみで結婚ができると定めた。「両性の合意だけで」とは、「両当事者の合意のみで」婚姻が認められるという意味であると解釈できる。

LGBTとアライのための法律家ネットワーク「【論点】日本国憲法は同性婚を禁止しているのか？」（http://llanjapan.org/lgbtinfo/649）

憲法が同性婚を否定しているわけではない

図１　授業内資料・憲法における同性婚

生徒からは「パートナー」や「愛し合う２人」という表現に修正するのはどうか、という意見も出てきました。しかし、それだけではまだ違和感のある条文がいくつかあります。その中の１つが、民法第722条の「嫡出の推定」です。ここでは、身体の性と自認する性をどう扱うのか、という点で議論が起こり、妻を「女性の身体機能を有する者」、夫を「男性の身体機能を有する者」と変更したいという提言がありました。ほか

にも「当事者間で問題が起こった場合は、DNA鑑定を実施し、どちらの実子であるかを断定させることにより、問題の解決を図ると変更する」という提言もあり、生徒が同性婚に関係する条文について考え抜くことができました。授業の最後には、「嫡出の推定」「再婚禁止期間」「養親の夫婦共同養子縁組」に関する民法一部改正案の提言書をまとめる学習活動を行いました。

現在使用されている法律

（嫡出の推定）

民法第772条

1　妻が結婚している時に妊娠した子は、その時の夫の子と想定する。
2　前の夫と離婚して新しい夫と再び結婚する場合，離婚から300日経たないと，生まれた子が新しい夫の子にならない。

図2-1　授業内資料・婚姻に関する民法の条文（表面）

【言葉の意味】
・嫡出の推定…子が生まれた時の状況などにより「その父親の子供に違いない」と想定すること

【解説】
この条文は，扶養義務（=自力で生活することが難しい家族の面倒をみる義務）をもつ父親が誰かを早期に確定させることが、子の福祉（=子どもが健康に育つこと）につながるという理念に基づいて運用されている。
嫡出の推定を否定するためには，嫡出否認や親子関係不存在確認などの複雑な手続きが必要になる。

図2-2　授業内資料・婚姻に関する民法の条文の解説（裏面）

これらの生徒の発言や提言内容から、婚姻に関する民法を現状にあった条文へと改善するといった学習活動によって、性的マイノリティのラベル（ゲイ・トランスジェンダーなど）を直接教えることがなくとも、生徒たちは当事者の置かれている立場に寄り添いながら多様な性のあり方について学び、十分に思考することができたと考察できます。

05_子どもと日々向き合う先生へのお願い

学校現場の先生は非常に多忙で、毎回の授業準備にかけられる時間が限られていると思います。そんなときには、ぜひ先行事例や外部団体に頼ってください。「性教育　教材」や「性的マイノリティ　授業」等とインターネットで調べると、教育委員会がまとめている実践報告や人権教育に関する資料を見つけることができます。たとえば、2019年3月に東京都教育委員会が発行した『性教育の手引』では、実践例に加えて学校における性教育の進め方に関する情報が充実しています。性教育の推進体制や指導計画の作成例、留意事項や保護者会等で配付する通知例等については、こちらを参照されることを強く勧めます。あるいは、NPO法人ReBit（前掲）やNPO法人ピルコン[*27]が提供している教材の情報も参考になります。

「自分はあまり詳しくないから」と敬遠してしまう先生もいらっしゃると思います。それでも、学級には必ず悩み苦しんでいる子どもがいます。家族にも友だちにも言えず、ひとりで抱え込んでいる子どもが必ずいます。違和感をうまく言語化することができず、苦しんでいる子どもがいます。1時間の授業や日々の声かけが、悩みを抱える子どもの心のつかえを取る助けになります。本節を読んでくださった皆さんにお願いです。まずは性的マイノリティという方々がいることを認知できるような授業や声かけをしてもらえませんか。実践していただける際には、本節でお伝えしたことや実践例を参考にしていただけるとうれしいかぎりです。1人ひとりの言動が子どもを変え、学校・保護者・地域を変え、学習指導要領を変え、やがて社会全体を変えるムーブメントにつながっていくと信じています。自認する性が生活をより豊かなものにする1要素として扱える社会にするために、ぜひ力を貸してください。

（郡司日奈乃）

[*27] 包括的性教育の普及を目指し、中高生や保護者向けに性教育講演・講座や情報発信、地域と連携した性の健康啓発事業等を行うNPO法人（https://pilcon.org/）

Work リフレクションワーク

リフレクションのための問い

学校において多様なセクシュアリティの子どもがいることが前提となっていない仕組みや活動はなんですか。

包括的性教育の実践事例を読んだ上で、あなたが実際に実践してみたいと思ったことはなんですか。

| Books | おすすめ書籍・教材

性教育の国際基準を知りたい方、
包括的性教育の実践に踏み出そうとしている方へ

**『改訂版　国際セクシュアリティ教育ガイダンス
科学的根拠に基づいたアプローチ』**

ユネスコ編　浅井春夫・良香織・田代美江子・福田和子・渡辺大輔訳、明石書店、2020年

日本の性教育をめぐる状況を把握し、
自身の実践のビジョンを考えたい方へ

『包括的性教育　人権、性の多様性、ジェンダー平等を柱に』

浅井春夫著、大月書店、2020年

日本の性教育の歴史に興味がある方、ジェンダーやセクシュアリティに
関わる権力性を問い直す教育実践のヒントを求めている方へ

**『気づく　立ちあがる　育てる
日本の性教育史におけるクィアペダゴジー』**

堀川修平著、エイデル研究所、2022年

（星野）

学級や家庭にぜひ1冊!　正しい知識を学びたい方へ
（実践にハードルを感じる場合には、本を置くだけでも）

『親子で考えるから楽しい！世界で学ばれている性教育』
上村彰子著、講談社、2022年

**『セイシル 知ろう、話そう、性のモヤモヤ
10代のための性教育バイブル』**
セイシル製作チーム著、KADOKAWA、2022年

包括的性教育に関する教材や情報を探している方へ

「Ally Teacher's Tool Kit」
ReBit（https://rebitlgbt.org/project/education）

「SEXOLOGY」
SEXOLOGY（https://sexology.life/）

授業実践の助けになる書籍を探している方へ

『マンガワークシートで学ぶ　多様な性と生』
渡辺大輔著、子どもの未来社、2019年

（郡司）

Column 3

「特権があること」と「特権がないこと」の違い

「特権があること」と「特権がないこと」の間での「価値」の位置づけの違い

「特権」とは、ある集団に属しているだけで有する、ほかに優越した権利を指します。特権のある多くの人は自らに特権があることを意識しておらず、また、特権によって「得ている価値」は当然のものとして捉えています。属している集団が、マジョリティの場合、特権があることが多く、マイノリティの場合、特権がないことが多いです。

たとえば、聴覚障害者は、何かのセミナーに参加する場合、音声だけだと内容を理解することができません。耳の代わりに目で理解できる形として、手話通訳や文字通訳（字幕）がある環境なら理解することができます。そのため、セミナー主催者に手話通訳や文字通訳（字幕）を可能なら付けてほしいとお願いするのですが、ときどき、「参加者全員の公平性を期するため、そのような特別扱いはできない」と断られることがあります。情報取得という点でマイナスの状態にある聴覚障害者（情報を当たり前に得られる特権がない状態の人）が、情報を取得できるというプラスマイナスゼロの状態を求めて聴者（聞こえることにより、情報を当たり前に得られている状態の人）に配慮を求めます。すると、聴者は「（聴覚障害者が）得られる価値が生じた」と受け止めます。聴者は自分が「聞こえる」というだけで特段のアクションを起こさずとも情報取得できることに気づいていません。つまり特権があるがゆえの「得ている価値」に無自覚なのです。そのため、配慮することが「優遇」につながると考える人が多いのでしょう。

特権のある人と特権のない人の間での「観点」の違い

特権のある人の観点は、すべての人に等しく機会を与えるといった「平等さ」であるのに対し、特権のない人の観点は、すべての人が等しく機会を与えられるだけでなく、価値を受け取ることができるといった「公平さ」にあります。両者の観点がずれていることが、配慮は特別扱いであるといった意識のずれが生じる原因となっています。

ただ、配慮を求めることは、人間が人間らしく生きるための権利であり、生まれながらに持つ権利、すなわち、人権を求めることに直結します。人権の保障は現代の法（憲法、法律など）を貫く最も根本的な原理であるはずです。仮に配慮があっても、特権のある人が「得ている価値」とまったく同等の価値が得られるわけではなく、若干劣る場合が多いです。ましてや、それ以上の価値が得られることはほとんどありません。また、特権のない人はこの営みを一時的ではなく、一生続けなければならないものであることも忘れてはなりません。

特権のある人が自分の特権に気づくこと、そして特権のない人への配慮が優遇ではなく、是正措置だと正しく理解することから、真のインクルージョンの実現は始まると考えます。（伊藤芳浩）

第４限

多様な子どもを大切にする排除やいじめのない学級づくりを学ぼう

1. いじめや排除を乗り越えインクルーシブな学校環境をつくるには

01_いじめとは何か？

いじめの定義は過去に数回改訂されていますが、最新のものは、2013年に制定された「いじめ防止対策推進法」によるもので、以下のように示されています。

「『いじめ』とは、児童等に対して、当該児童等が在籍する学校に在籍している等当該児童等と一定の人的関係にある他の児童等が行う心理的又は物理的な影響を与える行為（インターネットを通じて行われるものを含む。）であって、当該行為の対象となった児童等が心身の苦痛を感じているもの」（文部科学省[*1]　下線は筆者による）

文部科学省は毎年全国の学校（小中高・特別支援学校）を対象に、いじめの認知数を調査し、結果を公表しています（「児童生徒の問題行動・不登校等生徒指導上の諸問題に関する調査」）。ここ数年は連続していじめ認知件数が過去最高を更新していますが、いじめが毎年のように増え続け、深刻化しているのかというと解釈には注意が必要です。現在、国はいじめを見逃すことがないように、認知に力をいれており、極端にいじめ認知が少ない地域には、調査の見直しを求めています（飯田、2021）[*2]。

「いじめ防止対策推進法」では、教師の責務として、保護者、地域住民、

*1 文部科学省「いじめ防止等のための基本的な方針」（平成25年10月11日、文部科学大臣決定［最終改定平成29年3月14日］）（https://www.mext.go.jp/component/a_menu/education/detail/__icsFiles/afieldfile/2019/06/26/1400030_007.pdf）

児童相談所その他の関係者との連携を図ること、学校全体でいじめの防止及び早期発見に取り組むこと、いじめが発生している場合には適切かつ迅速に対処することが挙げられています。いじめの芽になるような大小さまざまなトラブルは子どもたちの間で日常的に起こっています。しかし、それを深刻ないじめに発展させないために「予防」する取り組みが必要です。

私は教育心理学を専門としている大学教員です。心理学というと「他人の深層心理を理解するもの」とイメージされる方も多いかと思います。私も自分が大学で心理学を学ぶ前の高校生の頃はそう思っていました。しかし、心理学入門の初回授業で心理学とは「Science of human behavior（人間行動の科学）」だと示され驚いた記憶があります。さらにさまざまな心理学の授業を取る中でもっと驚いたことは、「問題行動を起こす子どもの問題点は適切な行動を教えられていないこと」「大人側が適切な行動をしっかり教えていないのに問題行動を責めるのは間違いである」と教わったことで、目から鱗がボロボロ落ちる気がしました。そして問題行動を正すための科学的なアプローチが確立されており、欧米では教育現場での実践が蓄積されている点にもショックを受けました。

それまで私が日本の学校で繰り返し伝えられていたメッセージは、「X年生なんだからXXができて当然」「みんなができているのだから同じようにやるのが当たり前」「できない子は問題」というものでした。だからこそ、行動の科学である心理学のアプローチで、子どもの問題行動を予防するというマインドが日本の学校現場でも当たり前になってほしいと願い、大学院に進学して研究を進めました。そして、今は教員養成に携わりながら、私の想いをいろいろな場所で伝え続けています。

*2 飯田順子「いじめ予防の基本とポイント」飯田順子・杉本希映・青山郁子・遠藤寛子編著『いじめ予防スキルアップガイド　エビデンスに基づく安心・安全な学校づくりの実践』金子書房、2021年、1〜23頁

02_なぜ予防が大切か

世界のいじめの調査を行っているUNESCOの報告（2019）[*3]では、頻繁にいじめの被害にあっている子どもは、そうでない子どもより、学校の欠席が増え、学校で居場所がないと感じ、学業成績の低下が見られるなど多くのネガティブな影響を指摘しています。また、孤独感が高まり、心配で夜眠れない、自殺念慮が高まる、喫煙やアルコール摂取リスクが増えることも明らかにされています。このように、いじめは被害者に広範囲かつ長期的なダメージを残すことになりますので予防の取り組みは非常に意義のあることです（飯田、2021）。

この予防マインドは、日々虫歯にならないように歯磨きをきちんとする、風邪をひかないように手洗い・うがいをしっかり行うなどと同じです。日本の学校は、避難訓練などの防災教育は多くの学校で年間行事として組み込まれており素晴らしい指導がなされていますが、いじめが起こらないための予防教育については十分に普及しているとはいえません。「心の避難訓練」であるいじめ予防教育もすべての学校でカリキュラムに組み込んで、全教職員・児童生徒・保護者が学ぶ機会を提供することが必要です。そこでまず、いじめのリスク要因に関する研究を概観し、その上でインクルーシブな学校環境について理解を深め、その中で予防のためにできる具体的なポイントを本章で紹介していきたいと思います。

03_いじめのリスク要因

近年、発達障害、知的障害、学習障害（ＬＤ）、言語障害、その他の医療問題を含む特別なニーズを持つ子どもたちが、いじめに関与（被害・

[*3] UNESCO, *Behind the numbers: ending school violence and bullying*, 2019.

加害共に）するリスクが著しく高いことを示す研究が増えています。多くは欧米を中心とした海外の研究ですが、特別支援教育で支援を必要とする子どもたちの被害率が50％を超えているとの報告もあります（Rose et al.、2011）＊4。体型や顔などの外見、人種や国籍、社会経済的地域からくる生活状況、性自認などに起因する「違い」もいじめのリスクを高めます（UNESCO、2019）。

一方、Kumpulainenら（2001）＊5は、加害者としていじめをする子どもの71％が精神障害（ＡＤＨＤ、行動問題、抑うつ、不安など）の基準を満たしていると指摘しています。困難を抱える子どもたちが感情を管理するのには並外れたエネルギーを必要とするため、疲労、フラストレーション、失敗の繰り返しが蓄積されると、手に負えない感情が爆発することがあります。その結果、自分が被害者であることを大声で、攻撃的に、あるいは暴力的に主張し、自分の攻撃的な行動を他人への報復として正当化してしまうこともあります（Mah、2009）＊6。いじめをする子は「問題児」と見られてしまうこともありますが、安易に決めつけず問題行動の背景にあるものを見極めることが支援の第一歩ではないでしょうか（私も、子どもが親にとって望ましくない行動をすると「もうー！悪い子！」などと叱ってしまいがちですが、その「行動」が悪いのであって子ども自身は悪い子ではない！悪い子ではない！と冷静さを保つように努力しています）。

04_インクルーシブな学校環境とは

欧米諸国に比べれば日本の学校は人種、民族的には多様性に富んでい

＊4 Rose CA, Monda-Amaya LE, Espelage DL, “Bullying perpetration and victimization in special education: a review of the literature”, *Remedial and Special Education*, 32, 2011, 114-130.
＊5 Kumpulainen, K., Räsänen, E., & Puura, K, “Psychiatric disorders and the use of mental health services among children involved in bullying”, *Aggressive Behavior*, 27, 2001, 102-110.
＊6 Mah, R., *Getting Beyond Bullying and Exclusion, PreK-5:Empowering Children in Inclusive Classrooms*, Sage Publications: Thousand Oaks, CA, 2009.

ませんが、それでも外国籍、また両親のどちらかが海外で生まれ育った児童・生徒が近年増えています。さらに、さまざまな家庭環境や社会・経済階級の子どもたちが同じ学校で学んでいます。いうまでもなく、どのような背景を持っていても、不利になることなく平等な学びの機会を保障することが教育の務めです。特別なニーズを持ち、サポートを必要とする子どもたちの学習や感覚・感情処理の違いという課題に対処するための努力は、人種、民族、宗教、階級、家族構成などの社会経済的な多様性に対処する原則と同じではないでしょうか。

特別なニーズを持つ子どもたちの学びには、さまざまなサポートや仕組みが必要ですが、それぞれの違いを理解し、尊重し、受け入れることで、より健全な学校環境がつくられます。そして、そのようなポジティブでインクルーシブな環境は、さまざまな課題を持つ子どもたちや定型発達の子どもたちにとっても有益であるとMah（2009）は主張します。いじめと学校風土の関係は多くの研究で指摘されており、予防教育の実施がいじめ問題だけでなく、子どもたちの健康・適応問題の総合的予防・学力向上にもつながるという科学的根拠も数多く示されています（和久田、2019）*7。

では、いじめ予防のため、ポジティブでインクルーシブな学校環境の実現にどのような取り組みが必要でしょうか？

05_教員へのサポートと「チーム学校」としての全体での取り組み

国内の大学で提供しているタイトなカリキュラムの教員養成課程において、いじめの基礎知識や予防、対応について十分な教育がなされてい

*7 和久田学『学校を変える　いじめの科学』日本評論社、2019年

るとはいえません。学業面での指導や通常の学級運営と同時に、情緒面や社会面での適切なサポートを提供することは、教員にとっては大きな負担となります。教員は、学級にある問題を解決するために時間とエネルギーを費やすことと、効率的にカリキュラムをこなすなどに対処することの間で、しばしば板挟みになり、その結果、手を引いたり、子どもの不作法を放置してしまったりすることがあるとMah（2009）は指摘します。多忙極まる教師が、サポートが必要な子どもの違いを理解するための時間を確保できず、対応方法を学ぶ機会が得られない場合、残念なことに教員の態度がいじめのきっかけになってしまうこともあります。オーストラリアの中学生を対象にした研究（N=1,284）では、40％以上の生徒が教師からいじめやからかいを受けたことがあり、中でも学業や社会的に疎外されている生徒は、教師からのいじめを受ける可能性が非常に高いことを明らかにしました（Delfabbro et al.、2006）*8。

特別なニーズのある子どもの特性やいじめ予防についての専門知識が十分でない場合でも、教員にできるいじめ予防の第一歩は、子どもとのよい関係構築であると飯田（2021）は指摘します。いつも注意され、小言を言われたり怒られたりしている子どもは、ストレスが増大し、そのネガティブな感情を、発散できるところで発散しようとし、弱い立場の子どもをターゲットにしてしまいます（飯田、2021）。これは大人社会でもあることです。したがって、教員自身のストレスマネジメントやバーンアウトの予防、サポート体制を築くことは非常に重要です。

たとえば、スクールカウンセラー（ＳＣ）の担う業務は子どもたちや保護者のカウンセリングだけでなく、教員のコンサルテーションも含ま

*8 Delfabbro, P., Winefield, T., Trainor, S., Dollard, M., Anderson, S., Metzer, J. and Hammarstrom, A., "Peer and teacher bullying/victimization of South Australian secondary school students: Prevalence and psychosocial profiles", *British Journal of Educational Psychology*, 76: 71-90, 2006.

れていることが一般的です。膨大な業務に忙殺される先生方は、いつも子どもたちのことばかり考えていて、自分自身のケアを後回しにしてしまう傾向があるのではないでしょうか？　筆者らが以前、大規模自然災害における子どものメンタルヘルスサポートのワークショップで日本全国に伺った際に、先生自身が健康でなければ子どもたちのサポートはできないという話をしました。そして、先生たち自身を元気にする取り組みを聞いたところ、危機の際はまったくご自身のケアをされていないことに涙が出そうになりました。心の専門家であるＳＣに相談する機会は教員にとって新たな視点を獲得するチャンスとなり得るので、セルフケアの一環としても積極的に活用してみてください。もちろんＳＣでなくても、ご自身にあったセルフケアで労ってください。これは自分へのご褒美ではなく子どもたちのためでもあるので！

そして、いじめが起こってしまった場合の初期対応は非常に重要です。勇気を出して相談してくれた子どもたちにはまず「話してくれてありがとう」と伝え、学校全体にとって大事なことなのでほかの先生たちと一緒に問題を解決しなければいけない旨を説明し、ほかの先生や保護者にも共有していいかを確認してください。その際に保護者には伝えないでほしい、この先生だけなら話してもいいなどの要望が子どもからあれば、その気持ちを尊重してあげてください。そして対応にはいくつかのステップが学内であると思いますが、そのときどきで子どもに進捗状況を伝えられる範囲で伝えて安心させてあげてください。

前述の「いじめ防止対策推進法」では、いじめを発見した教員は学校全体で問題を共有し、対策委員会を構成しなければいけないと定められていますが、東京都の調査[＊9]によると、93.7％のケースが担任教員の

[＊9]「平成 29 年度 東京都公立学校における『いじめの認知件数及び対応状況把握のための調査』結果について（概要）」（https://www.metro.tokyo.lg.jp/tosei/hodohappyo/press/2017/11/24/documents/05_01.pdf）

みで対応し、対策委員会で介入したのは42.3％にとどまったと報告されています。対応には担任の先生だけで抱え込まず、チームで取り組むことが大切です。したがって、管理職である校長・教頭先生は教員間でのいじめ予防に対する「温度差」を最小限にし、学校としての一貫した対応を共通理解とすると共に、教員間でもポジティブな風土をつくることが求められます。

06_保護者としてできること

「いじめ防止対策推進法」では、学校や教師だけでなく「保護者の責務等」がおもに３つ書かれています。

①「規範意識を養うための指導その他の必要な指導を行うよう努める」
②「いじめを受けた場合には、適切に当該児童等をいじめから保護する」
③「学校が講ずるいじめの防止等のための措置に協力するよう努める」

つまり、子どもを加害者や聴衆、傍観者にしないために家庭でも規範意識を養って、子どもがいじめの被害者になってしまった場合には、しっかりと子どもを守り、いじめが起きたときには、保護者は学校に協力してくださいということです（杉本、2021）*[10]。海外では、さまざまないじめ予防プログラムが開発されていますが、その中でも保護者のプログラムが含まれているもののほうが効果があるという研究結果があります（Huang et al.、2019）*[11]。保護者がいじめについて体系的に学ぶ機会は

*[10] 杉本希映「保護者へのアプローチ　信頼・協力関係を築く」前掲『いじめ予防スキルアップガイド』2021年、132〜149頁
*[11] Huang, Y., Espelage, D. L., Polanin, J. R., Hong, J. S.,“A Meta-analytic Review of School-Based Anti-bullying Programs with a Parent Component”,*International Journal of Bullying Prevention*, 1, 2019, 32-44.

限られますが、筆者らが国内で小学生の保護者を対象に行ったいじめ防止プログラム*12では、プログラムの実践前、後、フォローアップ期でいじめに関する基礎知識、対応の効力感に有意な効果があったことが示されました（杉本ら、manuscript under preparation）。

このプログラムでは家庭でできるいじめ防止のための親子コミュニケーションのあり方、立場別（被害者・加害者・聴衆など）の対応方法などを詳しく解説していますが、子どもがどの立場であっても保護者は味方としてじっくり目を見て、落ち着いた態度で話を聞いてください。その際に内容がどのようなものでも否定せず、さえぎらずに最後まで聞いて感情を受け止めてください（大事だとわかっていてもなかなか難しいですよね。私も家事などの片手間に子どもの話を聞いていると「ちゃんと聞いて」と怒られます）。その上で、感情と事実を切り離し、一緒に問題解決方法を考えていくステップが必要であると杉本（2021）は指摘しています。

07_子どもたちへのアプローチ・エンパワーメント

いじめの事実が明らかになった際、先生方も保護者の方も冷静ではいられないと思います。「被害を受けた子の心をケアしなければ」、「すぐに加害をやめさせなければ」などさまざまなことが頭に浮かび、一刻も早く介入しなければと感じると思います。しかし、大人の救助や介入は、裏目に出てしまうことがあります。Mah（2009）は、大人が介入することで、攻撃に直面しても自分は無力であるという子どもの被害者としてのアイデンティティを強化し、自分に対する攻撃性を管理したり問題を解決する方法を学ぶ機会を奪ってしまうことになると指摘します。した

*12 こちらのプログラムは多くの方に広く活用していただけるようにリーフレットも無償ダウンロード可（https://mamor.jp/parents）。また保護者会などの研修の際に使えるパワーポイントも用意（前掲『いじめ予防スキルアップガイド』からダウンロード可）。ぜひ幅広い機会でご活用ください。

がって、子どもたちを永遠の被害者にしないためには、大人が励まし、適切なスキルを与え（SOSの出し方、ストレスマネジメント、アサーションスキルなど）、力を与える（エンパワーする）ことなのです。

一方、ストレスやフラストレーションから加害行動をする子どもに対しては、被害者意識を認めつつ、攻撃的な行動に対して適切な境界線を設定すること、攻撃に頼らずに不満を表現し、健全にコントロールを得る方法（怒りや感情のコントロール、リラクゼーション方法など）を具体的に指示する必要があります。学校現場等で使えるさまざまなスキルトレーニングのパッケージや指導案・ワークシート付きの書籍[*13]も数多く出版されています。各学校・学級の状況に応じて必要なものをぜひ取り入れてみてください。

ただ、新しいスキルの獲得にはロールプレイなどを通じ、繰り返し練習する必要があり、時間も労力もかかります。多忙な先生方には圧倒的に時間が足りないと感じるかもしれません。しかし、次節で紹介されているポジティブ行動支援の実践のように日々の活動に取り入れる要素も多くあるでしょう。

また、トレーニングを受けた専門家であるＳＣと協働することもできます。いじめ予防の取り組みの効果は、一朝一夕には目に見えるものではありません。しかし、今起きている目の前のいじめを解決するだけでなく、さまざまな立場の子どもたちが困難に対処するスキルを育み、学校で日々体験する「いじめの芽」のようなトラブルにも対処できる力を与えることは、子どもたちの将来への大きな投資です。さまざまな環境で異なる特性やニーズを持った子どもたちを、さまざまな立場の私たち

[*13] たとえば、小関俊祐ら『自立活動の視点に基づく 高校通級指導プログラム　認知行動療法を活用した特別支援教育』金子書房、2020年、飯田順子ら『いじめ予防スキルアップガイド』（前掲）、足立啓美ら『イラスト版　子どものためのポジティブ心理学　自分らしさを見つけやる気を引き出す51のワーク』合同出版、2017年

１人ひとりが持てる能力とリソースで支援することで豊かな社会の実現を目指していけたらと願っています。

（青山郁子）

2. 子どもたちのステキな行動が生まれやすい学級環境をつくる ～ポジティブ行動支援によるいじめ予防～

わが国の学校におけるいじめの認知件数は増加の一途ですが、学校や学級で、先生方はどのような予防策を講じられていますか？　ここではいじめを予防する上で大切な子どもたちのステキな行動を、学校や学級で増やしていくための取り組みとして、ポジティブ行動支援の実践の方法について紹介したいと思います。

ポジティブ行動支援（Positive Behavior Support）とは、ポジティブな行動（その人のよりよい生活や、本人にとって価値が感じられる成果につながる行動）を、ポジティブに支援する（罰的な方法ではなく、肯定的、教育的、予防的な方法で支援すること）というものです。支援に用いられるアセスメントや技法は、応用行動分析学に基づいて行います[*14]。具体的には、①子どもたちの行動の前のきっかけ・状況（先行事象；Antecedent）、②子どもたちの行動（Behavior）、③その行動の後に起こること（結果；Consequence）、これらを詳細に検討していきます。これは、それぞれの頭文字をとってＡＢＣフレームともいわれます（図１）。

ポジティブ行動支援では、子どものポジティブな行動を引き出すよう

[*14] 詳しくは、日本ポジティブ行動支援ネットワークのホームページを参照のこと（https://pbsjapan.com）。

な行動のきっかけ・状況（A）を積極的につくり、ポジティブな行動（B）ができたら、それに対してポジティブな結果（C）が伴うようにすることで、子どもたちがポジティブな行動を自発しやすく、続けやすい環境をつくっていきます。

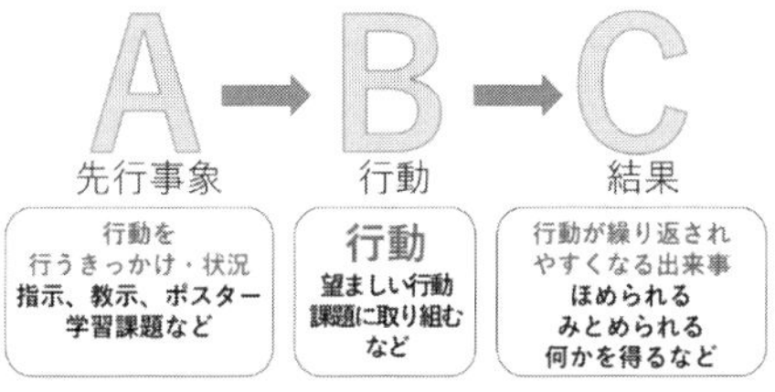

図１　ABCフレーム

ポジティブ行動支援は、アメリカの連邦政府の法律においても学校現場での実践が推奨されています。

ポジティブ行動支援において大切な考え方は、問題行動を減少させることに注力するのではなく、適切な行動を増やすことを通して、相対的に問題行動の減少を目指すというものです（図２）。

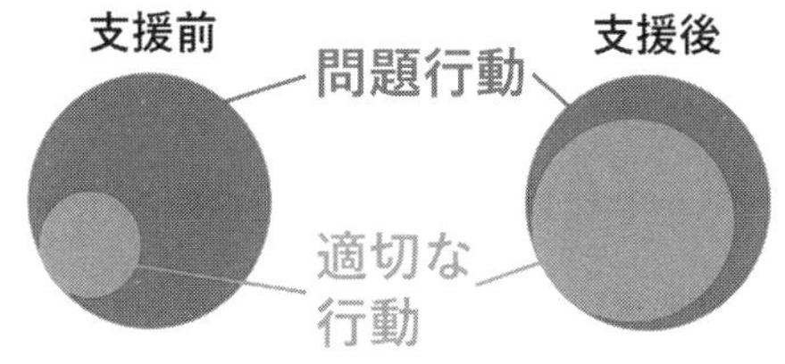

図２　ポジティブ行動支援の考え方

私のポジティブ行動支援との出会いは、2013年に訪問したアメリカの学校現場の視察でした。そのときは、ポジティブ行動支援に焦点を当てた視察ではなかったのですが、たまたま本格的に学校全体でポジティブ行動支援に取り組んでいる小学校に伺ったこともあり、先生や子どもたちがポジティブに関わり合い、ステキな行動に目を向けて称え合っている様子を見て、大変感銘を受けました。この実践は、私の学級でも早急に導入が必要だと思い、帰国直後からすぐに実践を開始しました（池島・松山、2014）[*15]。

私はこの視察の以前より、いじめやけんかに関する研究を大学院で取

[*15] 池島徳大・松山康成「学級における規範意識向上を目指した取り組みとその検討ー“PBISプログラム”を活用した開発的生徒指導実践ー」『学校教育実践研究』6、2014年、21〜29頁

り組んでおりましたが、私自身の学校での子どもへの関わりは、問題行動に注目して、注意叱責ばかりする完全にネガティブなものでした。そこで帰国後まず子どもたちの前に立って、「これまでの先生の指導は間違えていた。これから先生は、みんなのステキな姿を見つけて、それを認めていく！」と伝えました。今思えば、あの頃、子ども同士の問題が起こったりしていたのは、自分の高圧的な発言が原因ではなかっただろうか、と思い返しています。

01_ポジティブ行動支援によるいじめ予防

ポジティブ行動支援を学級で実践するために、まずは「行動計画シート」（松山、2018）[*16]を用いて特別活動の時間に子どもたち全員と計画を考えます。

導入にあたってはまず、子どもたちに対して、あるきまりを破った子に先生が注意する場面を提示して、考え合いました。それに対して子どもたちは、「先生は注意だけで終わっていた気がする。」や「先生が私たちを注意しすぎるときがあるから、私たちも友だちの中で、何かできていない子に対して注意をしすぎていた。」などの意見が出ました。

そこで私は、「できていないことに注目するのではなく、ステキな姿に目を向けていくことで､ステキな行動が増えていく。」というポジティブ行動支援の考え方と、行動は何かのきっかけで起きていること（行動のきっかけ）、行動は何かの結果によって続いていること（行動の結果）という行動のＡＢＣフレームについて子どもたちが理解できるように説明しました。このような話を通して、学級の子どもたちのモチベーションを高めつつ、一緒に行動計画シートを作成していくこととしました。

[*16] 松山康成「児童会活動による学校全体のポジティブ行動支援：ビジュアル版行動指導計画シートの開発と活用」『学校カウンセリング研究』19、2018年、25〜31頁

行動計画シートは、ＡＢＣフレームに基づいて行動を生起させるための工夫を、ていねいに検討することができるものです。図３は私の学級の子どもたち（小学５年生）と考えた「やさしい言葉がけ」の行動計画シートです。これに基づいて、実践の計画のつくり方の手順について説明していきます。

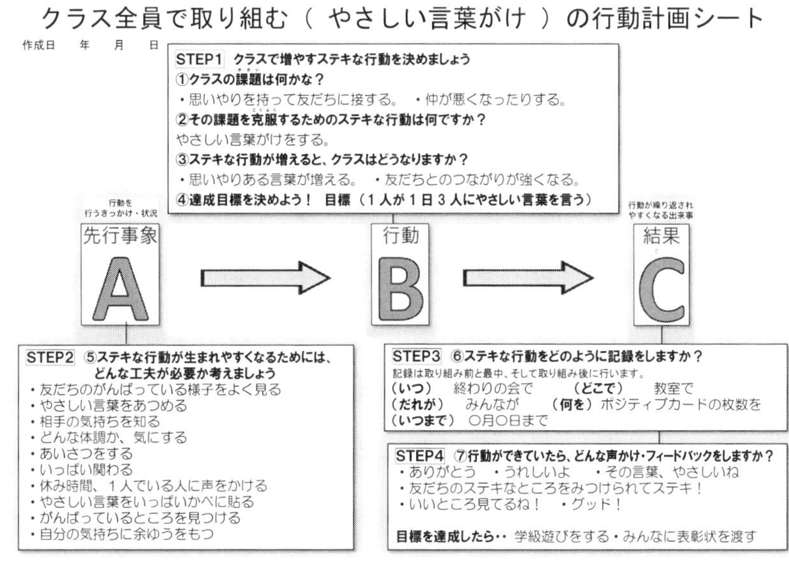
クラス全員で取り組む（ やさしい言葉がけ ）の行動計画シート
作成日　年　月　日
STEP1 クラスで増やすステキな行動を決めましょう
①クラスの課題は何かな？
・思いやりを持って友だちに接する。　・仲が悪くなったりする。
②その課題を克服するためのステキな行動は何ですか？
やさしい言葉がけをする。
③ステキな行動が増えると、クラスはどうなりますか？
・思いやりある言葉が増える。　・友だちとのつながりが強くなる。
④達成目標を決めよう！ 目標（１人が１日３人にやさしい言葉を言う）
行動を行うきっかけ・状況
先行事象
A
行動
B
行動が繰り返されやすくなる出来事
結果
C
STEP2 ⑤ステキな行動が生まれやすくなるためには、どんな工夫が必要か考えましょう
・友だちのがんばっている様子をよく見る
・やさしい言葉をあつめる
・相手の気持ちを知る
・どんな体調か、気にする
・あいさつをする
・いっぱい関わる
・休み時間、１人でいる人に声をかける
・やさしい言葉をいっぱいかべに貼る
・がんばっているところを見つける
・自分の気持ちに余ゆうをもつ
STEP3 ⑥ステキな行動をどのように記録をしますか？
記録は取り組み前と最中、そして取り組み後に行います。
（いつ） 終わりの会で　（どこで） 教室で
（だれが） みんなが　（何を）ポジティブカードの枚数を
（いつまで） ○月○日まで
STEP4 ⑦行動ができていたら、どんな声かけ・フィードバックをしますか？
・ありがとう　・うれしいよ　・その言葉、やさしいね
・友だちのステキなところをみつけられてステキ！
・いいところ見てるね！　・グッド！
目標を達成したら‥ 学級遊びをする・みんなに表彰状を渡す

図３　行動計画シート

STEP1 高めたい行動（B）を決める

高めたい行動、ＡＢＣフレームにおける行動（B）から検討を開始します。学級の子どもたちには、このシートを作成する目的として、私（教師）から「学級のみんなが、毎日あたたかな気持ちで学校生活を送ってほしい。そのために、いじめが起きにくい学級をみんなとつくっていきたい。」と話し、いじめとはどういう状況であるかについての簡単な説明と共に、このシートについて話をしました。そして、子どもたちの話

し合いを通して、いじめ予防のために大切な行動を考えていきます。

話し合いではまず、どんな行動が大切か、１人ひとり付箋に出し合います。子どもたちからは「ダメなことをしてはいけない」「ケンカをしない」などと否定的な言葉が出てきます。子どもたちは悪い行動を減らすことがいい行動だ、という視点を強く持っています。しかし、この取り組みではステキな行動を増やすことを目指します。よって子どもたちには、「○○しない」などのネガティブな言葉ではなく、「○○をする」とポジティブな言葉で出し合うことと説明し、話し合いを進めていきます。その結果、「ありがとうを伝える」「感謝を言い合う」などが出され、ステキな行動として、友だちに対して「やさしい言葉がけをする」ことを学級で増やすこととしました。

通常、このような取り組みを考える際は、たくさんの行動が出てきますが、ポジティブ行動支援では、１つの行動に焦点を当てて、その行動が生まれるための工夫をＡＢＣフレームに基づいて考えていきます。

STEP2 「やさしい言葉がけ」が生まれやすくなる工夫（A）を考える

高めたい行動のきっかけとなる先行事象（A）を検討します。ここでも、アイディアを出すのは子どもたちです。行動計画シートの作成では、その高めたい行動を行う人の参画がとても大切です。なぜなら、私たち大人が考えるアイディアは、子どもたちの生活の文脈で考えられるものとは必ずしも同じではないからです。子どもたちが主体となって行う行動となるためには、その行動の計画にも子どもたちが主体となって参画することが望まれます。

さて学級での話し合いでは、図３のSTEP２で示したようなアイディアが出てきました。どうすればやさしい言葉がけができるのか、そのためには友だちのがんばっている様子やステキな姿をよく見ることが大切であるということ、あいさつなどで関わりを増やすことが有効であるということ、また相手がどのような状況か、体調や気持ちを察するということ。このような社会的スキルの重要な視点を、子どもたちはすでに持っているのです。そしてこのような考えや工夫が、子どもたちから出されるということが大切です。

実践は、コロナ禍の中でのものでしたので、マスク着用によって友だち同士の感情や体調を知ることは、なかなか難しい状況にありました。そこで、私から「感情・体調共有ポケットチャート」（松山・栗原、2021）*17というものの導入を提案しました（図4）。これは、学級人数分のポケットがあるポケットチャートに、1人ひとりが青（元気）、黄（イライラ）、オレンジ（ダルい）、赤（体調不良）の4色のカードを自分のポケットに入れて、自分の感情や体調に合わせてカードを変えることで、そのときの自分の状態をみんなと共有するというものです。この4色をどのような気持ち・体調に割り当てるかも子どもたちと考えます。これによって、マスク着用の中でも、友だちの感情や体調に気づいてやさしい言葉がけができると考えました。

図4　感情・体調共有ポケットチャート

STEP3 ステキな行動（B）の記録

なぜ記録をとるの？何を記録するの？と、多くの先生が思われたのではないでしょうか。ポジティブ行動支援では、この記録がとても大切で

*17 松山康成・栗原慎二「他者理解を促進する「感情・体調共有ポケットチャート」の開発：新型コロナウイルス感染症流行下におけるミスコミュニケーション予防」『学習開発学研究』13、2021年、79～85頁

す。高めたい行動がどれくらいできているのか、自分たちで考えた行動計画は、しっかりと機能していたのかどうかを確かめるために、高めたい行動の頻度や回数を記録し、集計します。記録を取るためには、STEP1で考えた高めたい行動が、明確でわかりやすく記録しやすい行動でなければなりません。ですので、高めたい行動と記録は、セットで考えることがおすすめです。

やさしい言葉がけをどのように記録するのでしょうか。「1人ひとりが数える」「言ってもらった言葉をメモする」など、さまざまな工夫が子どもたちから出てきます。なかなか言葉を記録することは難しいものです。そこで、言葉を可視化するために、カードに言葉を書いて渡し合うこととしました。それが、図3のSTEP3で記載されている「ポジティブカード」（松山・枝廣・池島、2016）[*18]です。

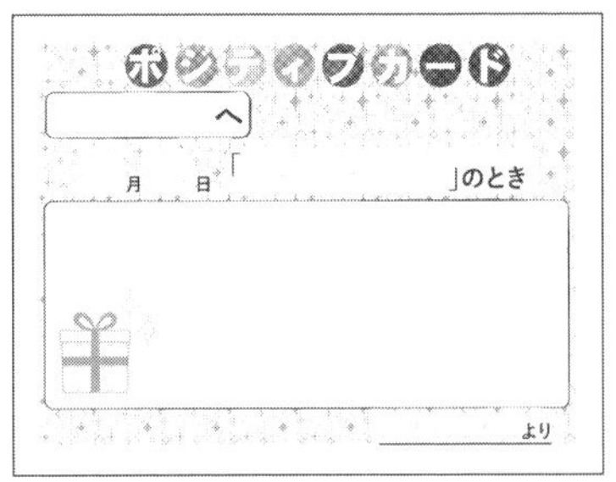

図5　ポジティブカード

ポジティブカード（図5）は、①相手の名前、②その言葉を伝えた日付、③場面、④具体的な言葉、⑤自分の名前の5つを記入します。これによって、その言葉を日付や場面などで具体的に思い出せるものにし、もらった相手にとっても書いた人の気持ちがこもった大切な1枚にすることができます。このカードを子どもそれぞれが大切に保管してもいいですし、もらってうれしかったカードをタブレットなどで記録したり、カードを模造紙に貼り合って壁面掲示したりすることで、みんなと共有することもできます。それによって、どのような言葉が相手にとって喜ばれるのか、心に残るのかなどを、学級のみんなが知ることができます。それに

*18 松山康成・枝廣和憲・池島徳大「子ども同士で感謝と賞賛を伝え合うポジティブカードの有効性の検討: 対人的感謝と学校環境適応感に及ぼす影響」『ピア・サポート研究』13、2016年、25～38頁

より、さらなる言葉がけが生まれ、学級全体がポジティブな雰囲気に変容していくことができるでしょう。カードは枚数として数えることができますので、その枚数がやさしい言葉がけの記録となります。今回は、１人が１日３人にやさしい言葉がけをする、ということを学級の目標としましたので、朝の登校時に１人３枚のカードを配付して書き合いました（図６）。

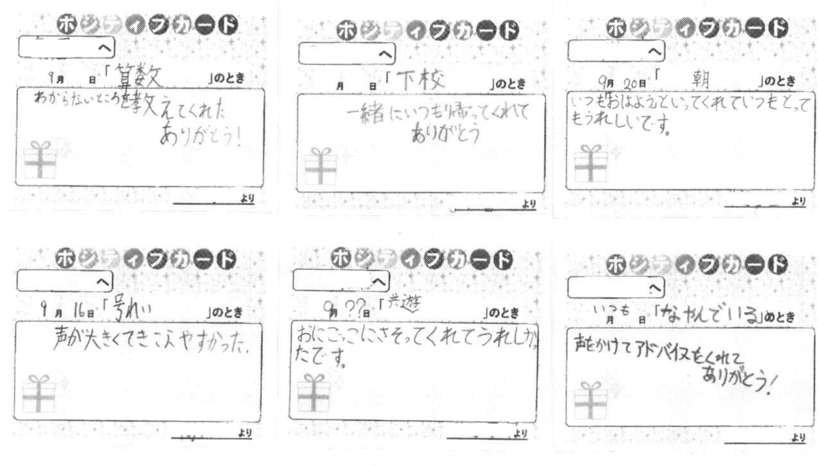

図６　ポジティブカードの記述

　カードの運用方法については、以下のような方法があります。

〇自由型……自由にカードを書き、自由に渡し合う。

〇ポスト投函型……自由にカードを書き、友人のポストに投函する。

〇掲示型……記入したカードを全員で共有できるよう掲示する。

〇指名型……特定の子どもに全員で渡す。

〇小グループ……３～５人程度のグループで、そのグループ全員がもらえるように渡し合う。

　上記の方法をいくつか組み合わせて、みんながカードを受け取れるように、また、カードの記入が難しい子に配慮していくことが必要でしょう。実際に取り組む際には、配付している３枚のカードの内、１枚を座席などの小グループで、全員がもらえるように渡し合います（小グループ型）。あとの２枚は、たとえば日直に全員で渡し合ったり（指名型）、学級の仲間に自由に渡し合うこととします（自由型）。３枚以上書きたい場合には、カードをすぐにもらえるように教室に準備して設置しておくといいでしょう。この際、カードを直接手渡しし合うのではなく、ポケットチャートをもう１つ用意し、そこに投函するという形で実践すると、みんながカードをもらえているかどうかを確認することができます（ポスト投函型、図７）。

図７　ポスト投函型ポケットチャート

カードの枚数は集計し、図８のようにグラフに整理します（破線は１日あたりの目標回数）。１日あたりの枚数を示すことで、「今日は体育でサッカーをしたから、きのうより増えたね」や「テストが多かったから言葉がけする機会は少なかったのかな」などと子どもたちが振り返ることができます。また、累積枚数を示すことで、「10日間で1200以上もの言葉が増えたね」などと学級みんなに対して、教師から言葉がけをするこ

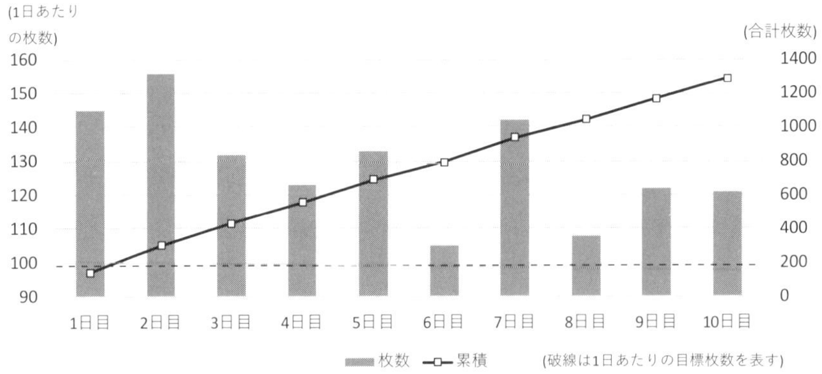

図８　ポジティブカードの枚数の推移

ともできます。集計の結果、あまり言葉がけが増えていない様子や、減少傾向の様子が見られた場合は、再度行動計画を全員で見直したり、一度取り組みをお休みしたりするのもいいでしょう。新しい行動に焦点を当てて行動計画シートを作成してもいいかもしれません。

記録をすることによって、子どもたちのがんばりを見取ることができます。子どもたちにとっても記録があることで、自分たちのがんばりが可視化されて、学級の一体感が生まれてきます。何よりも、みんなで取り組むことでみんなが変わる、環境が変わるということを実感することができます。「自分たちは変わることができる」という効力感をみんなで抱くことができるのも、ポジティブ行動支援のよさだと思います。

STEP4「やさしい言葉がけ」ができていることへのフィードバック（C）を行う

最後に、行動の結果（C）として、やさしい言葉がけがあったときに行う声かけやフィードバックの方法も考えておきます。言葉に対して有効なフィードバックは、言葉です。たとえばあいさつ。ある人に「おはようございます」と言って返答がなかったらどうでしょうか。その人に次の日、あいさつをしますか？　「この人はあいさつを返してくれないから、あいさつは控えておこう」と思ったり、「そういうことが苦手なのかな？」と思ったりしてしまいますよね。これによって行動が減少してしまいます。よって、行動が起きた後の相手や周囲の反応、声かけ、フィードバックはその行動が生まれやすくなる要因となるのです。今回の事例の場合、フィードバックとして大切な言葉は、言ってもらった子の「ありがとう」や、その言葉がけを見ていた子の「やさしい言葉だね」などの言葉でしょう。

また、日頃学級で行っている学級遊びやお楽しみ会を、こういった取り組みと合わせて開催したり、先生からみんなに対して表彰状を書いて渡し、学級に掲示したりすると、それまでどのようなことに取り組んだかをいつでも振り返ることができるでしょう。

02_実践を紡ぐポジティブ行動支援

ここまで紹介した通り、ポジティブ行動支援は応用行動分析学のＡＢＣフレームに基づいて、子どもたちのステキな行動を引き出していくというものです。望ましい言葉を考え合ったり、感謝を伝え合ったりすることは、これまで先生方も実践されてきたのではないでしょうか。ポジティブ行動支援は目新しい取り組みや特別な実践ではなく、従来の実践を、より効果的に、より機能的に実施するための科学的な枠組みです。先生方のこれまでの実践を、このポジティブ行動支援によって紡いでいただき、子どもたちと共にいじめが起きにくい学級をつくっていただければと思います。

また、今回のように子どもたちが主体となって取り組むことで、子どもたちは日頃の生活場面においても、自らが主体となって仲間の行動を称賛したり、高めたりすることができます。今回取り組んだ子どもたちは、その後、児童会や委員会活動を通して、どうしたら学校がよりよくなるか、という視点でポジティブな学校環境をつくっていってくれました。

たとえば児童会では、全校児童のあいさつを増やすために、あいさつチケットというものをつくり、あいさつをした子に「あいさつができたね」という気持ちを込めて渡すという取り組みを行いました（図9）。チケットを配付することで、どの程度あいさつがされているかという記録を取ることができます。児童会で考えた目標の80％に達成した学級には、賞状をつくって渡すこととし、ポジティブなフィードバックを行いました。

子ども主体の取り組みを教師が支援することで、子どもたちは仕組みや考え方を学校全体へ広げていってくれます。子どもたちは学級や学校全体での取り組みを通して、仲間の行動は変えることができる、それによって環境を変えることができると実感し、主体的でポジティブな生き方に変わっていってくれます。このような連関によってインクルーシブな学校は実現していくのだろうと思います。

図9　ポジティブ行動支援によるあいさつ運動に取り組む子どもたち

（松山康成）

Work リフレクションワーク

リフレクションのための問い

現在の学校のいじめ予防のための仕組みを見直してみましょう。
本章（時限）を読んだ上で何が改善できそうですか。

子どもたち同士、大人たち同士、そして子どもと大人がよりよい関係性を築くために、ポジティブ行動支援で取り入れたい点はありましたか。どんな点が取り組んでみたいと思いましたか。

Books おすすめ書籍・教材

いじめの問題を科学的なアプローチで理解したい方へ

『学校を変える　いじめの科学』

和久田学著、日本評論社、2019年

いじめ予防の取り組みを学校、教員研修、
PTA、保護者会などで実践したい方へ

**『いじめ予防スキルアップガイド
エビデンスに基づく安心・安全な学校づくりの実践』**

飯田順子・杉本希映・青山郁子・遠藤寛子編著、金子書房、2021年

（青山）

学校におけるポジティブ行動支援の
具体について学びたい方へ

「特別支援まなびの広場」

徳島県教育委員会（https://manabinohiroba.tokushima-ec.ed.jp）

ポジティブ行動支援に基づく学級経営について学びたい方へ

**『ポジティブ生徒指導・予防的学級経営ガイドブック
いじめ、不登校、学級崩壊を予防する問題解決アプローチ』**

ブランディ・シモンセン、ダイアン・マイヤーズ著、宇田光・西口利文監訳、有門秀記、市川哲、
川島一晃、高見佐知、福井龍太、松山康成訳、明石書店、2020年

（松山）

Column 4

『ずるくないよ』と説明できる？「合理的配慮」とは

（「合理的配慮」と「社会モデル」）

わかったつもり？「合理的配慮」

「合理的配慮？　ああ、障害のある子に特別な配慮をしてあげることですよね。配付物を拡大コピーするとか、クールダウンのために別室に連れていくとか。必要性はわかりますが、教員も多忙ですし、難しいときもありますよね」。

私はこれまで、障害者差別解消法（2016年4月1日施行）について公務員や教員向けに研修を行ってきました。障害があって、ほかの子と同じようにできないことがあるから、特別に配慮してあげないと――そんなふうに理解されていることが多いです。読者の皆さんはいかがでしょうか。

ひとりだけ特別な対応をすることで、周りから「ずるい」と思われてしまうのでは？　そんな疑問も、よく耳にします。

このコラムでは、代表的な「よくある質問」に答えながら、「合理的配慮」を理解するために不可欠な「障害の社会モデル」という考え方を説明していきます。

一見遠回りのようですが、そうしないと「合理的配慮」の本来の意味が伝わらないし、「ずるい」と思われるのでは？　という問いにもうまく答えられないと思うからです。

よくある質問：「ずるい！」という声があがりませんか？

「発達障害の特性があるＡさんの保護者から、『授業の板書をタブレットで撮影させてほしい』という要望を受けました。しかし１人の児童にだけ板書をタブレットで撮影するのを許可したら、**ほかの子から『ずるい！』という声があがりませんか？**　そうなったら、本人がつらいですよね。どうすればいいと思われますか？」

Ａさんは書くことに困難さがあり、また「話を聞きながら同時にノートをとる」ことが難しく、板書がいつも間に合わないそうです。手書きよりもタブレット入力のほうが容易ですが、入力しようとすると先生の話が耳に入ってこないようです。そこで、家で復習できるように、「板書をタブレットで撮影することを許可してほしい」と保護者から要望されたということでした。

もし、「Ａさんだけ特別扱いできないから」ということで、この要望を断ったらどうなるでしょうか。Ａさんは家で復習することもできず、学習内容が身につかず、ますます学びから排除されていくでしょう。「板書撮影の許可」は、Ａさんが「自分に合った方法で学ぶ権利」を守ることだといえます。

それでも先生は、周りの子から「Ａさん、ずるい」、「自分だって書くのは面倒なのに」といった声が出てくることをとくに心配しています。ただでさえ学校の教室は「みんな同じでなくては」という圧力が強い空間。もし、いじめにつながったら……。

では、先生は「Aさんにはこういう障害があるから、特別な道具を使うんだよ」と説明するのがよいのでしょうか。Aさんはそれを望まないかもしれないし、説明したところでほかの子たちが納得するかどうかもわかりません。

「社会モデル」の考え方を身につける

この先生からの質問に対し、“こうすれば（こう説明すれば）絶対大丈夫”——そんな魔法のような「正解」は存在しないと思います。Aさんの気持ちを聞きながら、必要に応じてほかの子たちに説明するのもアリでしょう。

ただ、ここで先生にぜひとも念頭に置いてほしいのは、「障害の社会モデル」の考え方です。「Aさんにはこういう障害がある、**だから**特別な配慮が必要なんだよ」という通り一遍の説明を、アップグレードしてほしいのです。

障害のある人の生きづらさは、その人の医学的欠損に原因がある、という従来からの考え方は「障害の医学モデル」と呼ばれます。そうではなく、**健常者仕様で社会ができていて、多様な心身を持つ人たちのニーズを置き去りにしてきてしまった**ことこそが、生きづらさの原因である、と考えるのが「障害の社会モデル」です。置き去りにされてしまった人が、たとえば学習に参加するのにバリアがあるなら、そのバリアをとりのぞくのは当然だ、と考えるのです。この「社会モデル」は、今や国際標準の障害観であり、障害者権利条約のベースにもなっている考え方です。

「Aさんに発達特性があるから、時間内にノートをとることができない。だから特別な配慮として撮影を許可する」と考えるのであれば、それは「医学モデル」です。

そうでなく、「実際に多様な特性を持った人たちがいて、自分に合う学習方法も人によって違うはずなのに、**あたかも全員が定型発達であるかのように**教科書や学習方法が定められてきたこと、それ自体が問題だったのだ。自分に合わない学習方法を押し付けられることは苦痛であり、学習効果もあがらない。本人に最適な方法で学べるように環境を調整するのが当然だ」と考えるのが「社会モデル」です。

「基礎的環境整備」＋「合理的配慮」

「障害の社会モデル」の考え方は、誰かを置き去りにしないために、教育環境を根本から考え直そう、と呼びかけるものです。

学校の環境を変えていくための方法として、「**基礎的環境整備**」と「**合理的配慮**」という２つの概念が導入されました。

「基礎的環境整備」のほうは、校舎にエレベーターを設置するなど、あらかじめ行っておくものです。特定の「車いすを使う児童が入学してきたから」というのではなく、学校はそもそも最低限、物理的なバリアをなくしておく必要があるということです。「児童生徒はもちろん、教職員にも保護者にも車いすを使う人がいるかもしれない」「災害があれば学校は避難所になる」といったことを考えれば、こうした環境整備はふだんから「全体として」進めておく必要があるものです。

それに対して、「合理的配慮」はもっと個別的な調整のことを指します。同じ障害（疾患）名でも、どんな調整が最適かは１人ひとり異なります。本人と保護者と学校が対話しながら調整し、随時見直していくことが必要なものです。「これだけ整備しておけば、あとは合理的配慮はいらない」ということはありえません。合理的配慮は、個々の生徒が学ぶ権利を守っていくために不可欠なものなのです。

これまでの学校のあり方、画一的な学習方法には構造的に問題がありました。私（現在50代前半）の同級生にも、きっとＡさんのような子どもがいただろうと思います。発達障害について今よりも知られておらず、合理的配慮という概念もなかった時代、ノートがとれないことは単に本人の学力不足として扱われてきたのだろうか、と思うと、胸が痛みます。

みんなと同じ学習方法が合わない子がいることが問題なのではなくて、「画一的な学ばせ方でよしとしてきた学校側のあり方」が問題でした。そう考えると、少し風景が違って見えるのではないでしょうか。

それでも「ずるい」という声があがったら

よくある質問に戻りましょう。

Ａさんに「板書の撮影を許可」すると、確かにほかの子たちから「ずるい！」という声があがるかもしれません。そのとき教師は子どもたちに何を伝える必要があるでしょうか。

忘れてはいけないのは、Ａさんだけが「みんなと違う」のではなく、「人は１人ひとり違う、勉強の仕方も違っていていい」ということ。違いを認めることは、１人ひとりを大事にすることなんだ、ということを、折に触れて（子どもにとってわかりやすいたとえを用いながら）伝えていくことが大切だと思います。

板書をノートにとることで学んだことが頭に入るのなら、それは自分のためになる。でも書こうとすると「ものすごく疲れてしまう」人もいるんだよ。タブレットで板書を撮影するのは、サボりじゃなくて、みんなと同じように頭に入れるためなんだよ。……そんなふうに伝えた上で、「板書の撮影」はＡさんだけが認められることではなく、「そのほうが勉強しやすいと認められたら、誰でもしていいこと」だと伝えましょう。

もし、それでも「ずるい！」と言い続ける子どもがいたら、その子自身が学びづらさを感じているのかもしれません。ゆっくり話を聞いてみましょう。

（松波めぐみ）

第５限

インクルーシブな教室をつくろう

1. 向き合うことで見えた「プロセス」からインクルーシブな教室に

01_試行錯誤の「プロセス」に自負を持ちたい

私は、小学校教師になって33年目になりますが、これまで担任してきた学級の教室づくりは、まさにインクルーシブに向けての「プロセス」でした。

学生のときに、近隣の大学生らと共に、障害のある子どもたちの放課後の遊び場をつくりました。障害のある子たちと地域の子どもたちが一緒になって楽しく遊んでいる場面に何度も出合いました。また、支援学級に在籍する児童と、通常学級に在籍する児童が共に過ごすキャンプの企画・運営に10年以上関わってきました。その中でも、子どもたちが共に理解し合い、支え合い生活する姿がたくさん見られました。そんな場面や姿に自分の教室でも出合うことができないか。そう思いながら取り組んできた「プロセス」は、自分にとっては大きな意味がありました。

しかし、その「プロセス」は、まさに「プロセス」で、試行錯誤の連続でした。

たとえば、「手や足が不自由」だとか、「長時間じっとしていることが難しい」など、周りに伝わりやすい多様性には、向き合いやすいですが、教室に30人いれば、30通りの多様性があるのです。そのことをつい見失いがちになることがあります。

また、教室で子どもと向き合うということは、1人ひとりの子どもと直接的な関わりを重ねていくことだと思っています。しかし、現在の教室での物理的、人的状況を考えると、教室にシステムをつくり、それを通して子ども「たち」と向き合うという、間接的な関わりもしていかなければなりません。では、どんなシステムで、子どもたちの多様性と向き合い、インクルーシブな教室を目指せばよいのでしょうか。

そして、子どもたちの「今」だけではなく、「未来」も考えて向き合いたいと思っています。「未来」というよりは、「見通し」に近いかもしれませんが、今このときだけが安心安全に過ごせればよいとは思えないのです。小学校では楽しく過ごせたのに、進学していくと不安定になったということがあります（もちろん進学することで、より安定して過ごせるようになったということもあります）。子どもたちがこの先も、安心安全に過ごせる状態が続いていくためには、今のこの教室で、何が必要か。何を考えればよいのか、どことつながっていけばよいか、ということも考えたいのです。

こう考えると、インクルーシブな教室に向かう「プロセス」は、とてつもない道のりです。それでも、この「プロセス」を手放したくありません。この「プロセス」は、たくさんのことを教えてくれた子どもたちや保護者が、そして、自分自身も安心安全に過ごせるための「プロセス」であり、私たちが暮らす社会を創っていくという「プロセス」でもあるからです。だからこそ、そこに自負を持っていたいのです。

02_「選択できる場をつくる」ことで子どもたちと向き合う

「子どもと向き合う」と、私はよく口にしてしまいます。私にとって「向き合う」とは、子どものことを理解「しよう」とし、子どもが安心安全に過ごすために、どんな関わりが必要なのかと考えることなのですが、実際に向き合えているのかどうかは、かなり難しいことだと思うことがよくあります。

忘れられない場面があります。ある年の朝の会でのことです。ペアになって、今日１日の過ごし方を対話するプログラムがありました。あまり対話をしてこなかった人とペアになることがクラスで共有されていたのですが、２人の子どもがペアになれず立ったままでした。ですから、２人のどちらかが動いたり、声をかけたりすればペアになれたのですが、それぞれの子の特性で、そうした行動が難しかったのです。それに気づいた周りの子たちが声を出したり、立っている子をもう１人のところに連れて行ってあげたりして、ペアになることができました。

この場面は、本当に考えさせられました。２人にとって、このような場面の経験を積んでいくことに意味があるのか。この経験をすることで、２人はしんどい思いをしていないか。周りの子たちは２人の状況を理解し、サポートしてくれているけれど、そのサポートは、この教室だけで完結してしまわないか。だとしたら、どんな形のサポートがあるとよいのだろう。など、いろいろな思いが生まれました。そこで私がやらなければならなかったことは、私がその場で感じたこと、考えたことを２人に伝え、どう思っているかを聞くことでした。そして、２人から聞かされたのは、やっぱりあの状況は避けたいという思いでした。

子どもたち１人ひとりと、それなりに向き合えていると思っていました。子どもたちにとってよかれと思って、いろいろと取り組んでいました。しかし、そうではない側面があったのです。心が苦しくなりました。でも、それ以上に、２人は苦しい思いをきっとしていたのだし、私が気づかなかっただけで、これまでも同じような苦しい思いをしてきた子もいたのだろうと思います。私の力量と今の教室を取り巻く環境では、１人ひとりの多様性に応える形にすることは難しいけれど、何かできること、すべきことはないかと考えました。

そこで私が考えたことは「選択肢をつくり出す」ということでした。

選択肢をつくり出すことで、少しでも１人ひとりの特性に合う形になればよいと考え、また、「やらされていること」だとしても、その中で「自分で選ぶ」という行為があれば、少しでも安心感につながるのではないかと考えました。インクルーシブな教室にとっては当たり前のことなのかもしれませんが、私は、こうした「プロセス」から「選択肢をつくり出す」ことになり、その中で子どもたちと向き合ってきました。

朝の会での対話の場は、具体的に次のような選択肢を考えました。

- **「自分で対話の相手を探したい」コース**
- **「あらかじめ相手が決まっているとありがたい」コース**
- **「ちょっと今日は対話の気持ちじゃないかも」コース**

登校した後、子どもたちは、自分が選択したコース別のホワイトボードに、ネームカードを貼ります。私は「あらかじめ相手が決まっているとありがたい」コースにネームカードを貼っている子たちでペアをつくります。ペアがつくれない人数の場合は、違うコースの子どもたちに声をかけて助けてもらったり、ペアではなく、３人で対話をしたりするようにしました。すると、前述の２人の子どもたちはもちろんほかの子どもたちも、今まで以上に安心して取り組めるようになっていました。

ただ、この選択肢が完ぺきだとは思っていません。なぜなら、教室が落ち着いた状態でなければ「ちょっと今日は対話の気持ちじゃないかも」コースに子どもたちが集まってしまいます。対話ができないと、「どの子も自分の言葉や思いを受け止めてもらえた」という実感を持って１日をスタートさせてほしいという願いから、かけ離れてしまいます。あるいは、いつも「あらかじめ相手が決まっているとありがたい」コースを選ぶことに引け目を感じる場合もあります。だから、ときどきペアでの対話をお休みにして、グループで対話をする一択にします。また、「どんなコースを選ぶかよりも、対話して１日をスタートさせることが大事です」と伝え、同じコースを選択し続けることに引け目を感じないような価値づけをしたりします。

その教室に合った選択肢をつくること、選択肢をつくったことで満足せず、もっとよい選択肢はないかと模索し続けること、まさしく「プロセス」だと思っています。

これ以降、教室でやってみようと思うことは、「まず選択肢がつくり出せないか」と考えるようになりました。たとえば、漢字テストは、次のような選択肢をつくり出し、取り組むようにしました。

- **「範囲内の①～⑳の中から10問。どれが出るかわからない」コース**
- **「範囲内の①～⑩の中から10問。どれが出るかわかっている」コース**

漢字テストの表裏に２つのコースの問題を印刷しているので、テストをするときに子どもたちが選択します。事前に選択したコースが周りに伝わることはありません。選択肢をつくると、教師の負担が増え、持続可能なものではなくなる場合がありますが、このテスト形式は、それほど負担なく継続することができます。子どもたちには、それぞれのコースには、それぞれによさがあることをしっかり伝えていきます。

03_どの子も安心できる「システム」で子どもたちと向き合う

選択肢をつくり出すことで、どの子も安心して取り組めるようになったように、教室にあるシステムも、ユニバーサルデザインでもいわれているような、できるだけ多くの人にわかりやすく、最初からできるだけ多くの人が取り組みやすいシステムにならないかと考えています。

たとえば、教室で毎日行われている当番活動。それぞれの教室でさまざまな実践がされています。もっとも一般的なものが当番ルーレット（右

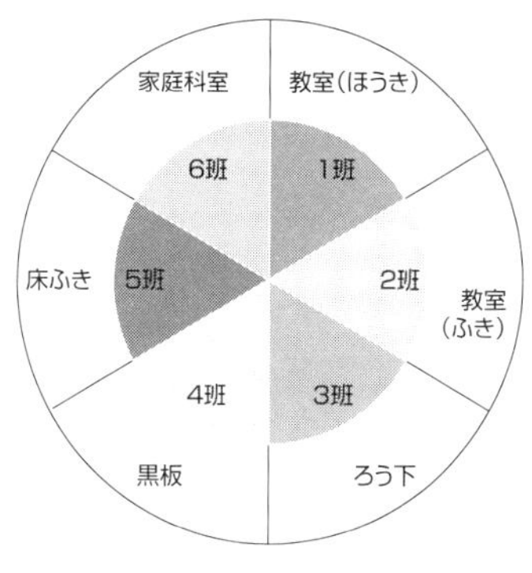

の図のようなもの）です。グループごとに取り組む当番内容を決めるというものです。しかし、これでは「誰がいつ、どんなことを、どれだけすればよいのか」がわかりません。逆にいえば、そこがこのやり方のよさでもあるので、当番が始まるときに、分担の話し合いをしてから取り組むこともできます。ただ、そうした分担をしたとしても、やはり「誰がいつ、どんなことを、どれだけすればよいのか」ということはわかりづらいと思っています。また、結局分担の話し合いをせず、やれる子がどんどんやってしまって、どの子も同じような活躍ができないという現状もあるようです。そして、何よりもそのわかりづらさによって混乱したり、積極的に当番に関われなかったりする子もいると感じています。

私のクラスでは、次のような1人1役というシステムにしています。

日直当番

1　朝～おたより・5分/中休み～黒板<右>・昼～先生の給食／昼休み～黒板<右>/クリーナー	2　朝～電気/タイマー・5分/中休み～黒板<左>・昼休み～黒板<左>/クリーナー/チョーク受け	3　朝～牛乳パック片づけ・昼休み～明日の時間割/日付/放課後～黒板/ネームカード入れかえ/整頓	4　朝～給食カレンダーめくり・昼と昼休み～タイマー/チェック報告/整頓/カーテン開け

はきそうじ

1　昼休み～Aの机とはきそうじ/ちりとりとゴミ捨て	2　昼休み～Bのつくえとはきそうじ/清掃用具の整理	3　昼休み～Cのつくえとはきそうじ/チェック報告（ゴミがついてないか。並べ方。）	4　昼休み～Dのつくえとはきそうじ／先生のつくえまわり

子どもたちは、その日の自分が担当するところと、自分の番号がわかっているので、その日の仕事内容を自分の好きなタイミングで確認することができます。「誰がいつ、どんなことを、どれだけすればよいのか」だけではなく、「どこをやればよいか」についても詳しく分けているので、混乱することはかなり避けられますし、やることがはっきりしているの

で、積極的に関わる子が増えます。慣れによって、つい忘れがちになってしまう活動の再確認もしやすくなります。つまりどの子にとっても、取り組みやすいシステムだと考えています。

ただ、このやり方では、「自主性が育たない」「細かすぎて考える力、判断する力を奪っている」という批判を受けることがあります。確かにそういう側面があるかもしれませんが、万能のやり方などありません。どんな取り組みにもメリットデメリットがあります。

「**誰かのやりやすさ（学びやすさ）は、誰かのやりにくさ（学びにくさ）**」なのです。だからこそ、私自身がどこに軸足を置くかで、デメリットをわかった上で、どんな形、やり方を選択していくかが大切だと考えています。自主性や判断力などは、違う場面で育てたいです。それよりもこの場面では、子どもたちが見通しから持つ安心感、役割がはっきりしていることからの達成感を大切にしたいのです。

「システム」というほどのものではないですが、多様な性自認に対する配慮として、ここ数年学級や学年、学校で子どもたちの名前を「〜さん」で呼ぶことに取り組んできました。今この場所に自分の性自認でしんどい思いをしている子がいるかもしれないですし、これからの社会を創っていく上で、当たり前になっていってほしい配慮だからです。

しかし、これも、「『〜さん』と呼ぶことにしよう」とすることで「押し付けになってしまわないか」「関係性を築くための足枷（あしかせ）にならないか」「性自認に対する思考停止になってしまわないか」というような意見があります。確かにそういう側面があるかもしれません。でも、一斉に「〜さん」と呼ぶことにしたからこそ、**そこにいる人たち全員が関係することになります。それは、大きな機会であり、きっかけだと思うのです。**

「どうして『さん』と呼ぶほうがよいのだろう」「『さん』で呼ばれたときに、どんな感じがした？」「もし『さん』と呼ぶこと、呼ばれることに違和感があるのならば、それはどうしてだと思う？」というような対話を子どもたちとし、思いを共有していきます。同じように、学年団の先生方や職員室でも、こうした対話を重ねた上で行えるとよいのではないでしょうか。形が先行してしまうことには問題も多いので、慎重に進めなければならないですが、よさもあるのではないでしょうか。

どんな選択にするか、どんなシステムにするか、どんなことを一斉にしようとしているか、と考える中で、「これらは、そもそもする必要があるのか」「これらは、どんな内容にするとよいのか」などを検討していく必要はあります。でも、いちばん大切なのは、自分自身がどこに軸足を置き、何を大切にしているかだと思っています。

04_子どもたち自身が「知る」ことで社会と向き合う

私自身が社会に存在する多様性や、自分の特権に気づかず、配慮がない言動をとってしまうことがあります。そのとき、自分自身の心の問題を感じると同時に、「知識がない」ことを思い知らされます。知ろうと思えば、知ることができる機会はたくさんあるのですから、相手を傷つけてしまうことがあることを考えれば、「知らなかった」ではすまされない場合があると思っています。

こうしたことは、子どもたちの中にも起きることです。１人ひとりが選択やシステムの中で、安心安全に学校生活を積み重ねていく一方で、大人だけではなく、子どもたち自身も「知る」ことが大切なのではないかと考えています。道徳の授業などを通して、子どもたちと一緒に、社会に存在する多様性や、自分の特権を知り、考え、互いの思いや考えを共有する時間をとっています。

【授業例】

ディスレクシアの方が実際に書いていた字を、ディスレクシアの方の字だという情報を伝えずに見てもらい、どんなことを感じたかを交流するところから授業を始めました。その後、その字を書いた方のインタビュー映像から、辛い思いを重ねてきたことや、「普通は……」という言葉や見方に苦しめられてきたことを子どもたちは知ります。そこで、ディスレクシアを取り上げた漫画『ぼくの素晴らしい人生』(愛本みずほ著、講談社）のある場面でのセリフ「**普通の人生がつまんないなんて言えるのは、普通の人生を選べるからだ！**」を紹介し、その言葉の意味を子どもたちと考えます。そして、あらためて「普通」とはどういうことなのかを考えたり、自分たち自身も「普通は……」と見てしまうことがないかと振り返ったりしました。

こうした授業を通して、子どもたち自身が社会を知り、社会と向き合います。

05_おわりに

自分ができること、やれることはかぎられています。それでも、「選択できる場」や、「どの子も安心できるシステム」などを通して子どもたちと向き合ってきました。あるいは、社会に存在する多様性や、自分の特権を「子ども自身が知る」ことで、教室の中の多様性について一緒に考えてきました。そうすることで、子どもたちの「今」が少しでも安心安全に過ごせることを願ってきました。そして、こうしたプロセスが「今」だけではなく、子どもたちの「未来」にもつながっていけば……とも思っています。

子どもたちの「未来」の新しい環境でも、１人ひとりの多様性に応えることは簡単なことではありません。しかし、選択できる場を通して安心安全を経験してきた子どもたちは、「自分で選ぶ」ということを、新しい環境でも大切にしていくはずです。誰かや、自分のために、選択肢がないのであれば自分たちでつくり出すということもあるかもしれません。あるいは、選択肢を求めて動けるかもしれません。そこまでのことはできないとしても、自分たちを取り巻く安心安全のために、自分で選択できそうなところはそうしたいと意思表示をするだけでも変わっていくはずです。そういう姿につなげていきたいのです。

インクルーシブな教室を目指して、どの子も安心できるシステムの中で生活してきた経験や感覚も、社会に存在する多様性を学んだことも、子どもたちの「今」だけではなく、「未来」の中で生かされていくはずです。新しい環境で出会う仲間たちに対して、「どの子も」ということを大切にする意識や、「誰もが特性を持っているかもしれない」という想像力につなげていってほしいのです。

あらためて、インクルーシブな教室に向かう「プロセス」は、とてつもない道のりだと感じています。でも、自分には一緒に教室をつくっている子どもたちが目の前にいます。そして、自分の実践を支えてくれる保護者や、職場の先生たち、出会ってきた仲間たちもいます。１人ではないのです。インクルーシブな教室に向けた「プロセス」を共に考え、実践を重ねていければと思いながら、今日も子どもたちと、自分自身と、社会と向き合っていきます。

（大野睦仁）

2. 子どもたちの見ている風景からスタートする～小学校特別支援の現場より～

01_はじめに～久々の再会～

「不登校の気持ちってこんな感じって、私の作品でわかってもらえたら。困っている誰かの役に立てたらうれしいな」

図１　脳内はパニック状態の絵

そう話すふーちゃん。高校を卒業し、自分の夢に向かって進学を決めた通級時代の教え子と久しぶりの再会。「不安になるとパニックになっちゃって。急に学校にいけなくなっちゃったんです。そのときの気持ちを絵に描きました」(図1)。

「**絵にして話せばいいんじゃない**」

「森村先生がそう言ってくれて少しずつ伝えられるようになった気がします」

小学校の低学年のときは、固まってほとんどお話ができなくて。何をどう思ってどうしてほしいかもわからなくて、困っている中で好きだったお絵描きを通じて、試行錯誤しながらやりとりしたのを思い出しました。

「不安になると気持ち悪くなっちゃうけど、体の状態なのか心の調子なのか、だんだん判別がつくように細かく話せるようになったんですよね」

当時を振り返って話してくれる卒業生の言葉には気づきが多くはっとさせられます。語ること表現することって大事だなと気づかされます。

02_私の仕事

私は、公立小学校で、特別支援に関わる担任をしてきました。特別支援学級や通級指導教室で実践する日々の中で、多くの人ができる「ふつう」に一生懸命合わせようとしながら、うまくいかず、傷つく子どもたちに出会ってきました。

感受性豊かで、繊細で、アイディア豊富で、好きなことなら何時間でも取り組む集中力を発揮する子どもたち。電車、科学、プログラミング、虫、石、山、漫画、工作、歴史などなど……。好きなものへの深掘りからたくさんのことを教えてもらいました。魅力いっぱいですが、学校の集団の中だと本来持てる力を発揮しづらい子どもたち。「ぼくってばかなの？」「私ってへん？」と自信をなくしている子も多くいます。

あなたのよさ、苦手も困っていることも含めて「そのままであなたは素敵」ってメッセージを送る方法はないだろうかと考えています。しかし現場では、多忙な日々の中、なかなかうまい方法が見つからず、支援者側も無力感にとらわれることが少なからずあるのも事実です。それもそのはず。1人ひとりの子どもに合わせたオーダーメイドの教育は、そう簡単ではなく、すぐに結果や答えが出るものでもありません。1人で抱え込まず、チームで大人も子どもにとっても「自分って素敵」って思えるにはどうしたらいいか模索し続けている気がします。

【エピソード～子どもの言葉から～】

ある日、学校が嫌だという子の話を「そんなに嫌なんだね」と共感して聴いていたときのこと。「そんなにわかろうとしてるけどさ、先生だって学校の人じゃん。学校で働いてるじゃん」と言われてしまいました。子どもからすると、どうせ学校側の人間なんだから、学校が嫌なぼくに共感したってわかりっこないでしょってことなのかもしれません。（なるほど！？）と私が少し困惑していると、「先生は、命令するのが仕事なんだからさ、仕方ないじゃん」と慰められました。

「**命令するのが仕事**」

子どもの目に映っている先生像に衝撃。学校の雰囲気、集団や大人の圧、関係性、におい等、目には見えない感覚的な部分や環境に影響を強く受ける子も多いという事実に考えさせられます。

またある日の図工の時間。共同作品で島をつくっているとき、ある子がつぶやきます。「平和な島がいい。先生とか校長先生とか誰が偉いとかすごいじゃなくて、誰が上とか下とかじゃなくて。みんな一般人ならいいのにな」

「**みんな一般人**」

子どもが何気なくつぶやいた言葉ですが揺さぶられます。そこにヒントがあるようでいつも心に刺さります。子どもの言葉から学ぶ。大切にしているスタンスです。

03_自分研究の実践について

10年ほど前から「自分研究」という実践を続けています。東京大学先端科学技術センターの熊谷晋一郎准教授の「発達障害の当事者研究」*1に出会ったことがきっかけです。当事者研究とは、当事者が中心になり、自分と仲間と自分の困っていることを語り、「研究」し「分析」していく過程の中で、等身大の自分を自分の言語で捉え、形づくっていく試みです。学校現場にはない発想でしたが、仲間と共に自分の困っていることを研究し、自分の好きを語り見つめていくことが、学校で子どもたちにも生かせるのではないかと考えました。何より、子どもが「当事者」として、支援の中心にいてほしいなと感じたのがきっかけです。

研究のときは、教師と子どもという指導する側と指導を受ける側という枠組みを少し横に置き、「共同研究者」という意識で活動を進めるようにしています。研究は失敗がつきもの、失敗は発見の元、そんな考えも素敵だなと感じています。

そんな実践を続けていましたが……コロナ禍でこの数年、現場ではうまくいかないことの連続。今までの常識では考えられないことがたくさん起き、試行錯誤を繰り返している葛藤の日々です。こんなときだからこそ、もう一度「当事者」である「子どもたちの見ている景色」を共有する中で、インクルーシブな教育のヒントを得られたらと思います。

04_子どもの見ている風景からスタートする ～自分研究で子どもが教えてくれたこと～

「ふたばヒーロー」～話を聴くことが必殺技～

心が傷ついていると
どこからともなく
現れるのがふたばヒーロー
必殺技は「話を聴くこと」
心の洗濯板でゴシゴシ
お日様に干してピカピカ
ニコニコになるのでした

ふたばヒーローというキャラクターをつくってくれました。当時通級の担任をしていて、通常の学級での困難さを改善したり、集団に適応さ

*1 綾屋紗月・熊谷晋一郎『発達障害当事者研究　ゆっくりていねいにつながりたい』医学書院、2008年

せたり何かをできるようにさせることが求められる中、「話を聴くこと」が必殺技になりえる！？ことに驚きました。今ならわかる気がします。ふたばヒーローになりたいなと思いました。

泣き虫ゴースト

～不安でも困ってもいいんだよ。対応方法はきっとある～

自分研究には、いろいろなやり方がありますが、Aちゃんは5、6人のグループの仲間と一緒に①自分の困っていることをキャラクター化し（図2）、外在化し、②ブレーンストーミングで対処方法を仲間と出し合い、③対処カードを作成し、④発表会でみんなにシェアするという方法で取り組みました。

図2　Aちゃんのキャラクター

泣き虫ゴーストへの対応カードは、「お守りを作る」「人生相談ノートを作る」「短時間ねる」「セラピードームに入る」などを用意しました。とてもユニーク。不安がすぐになくなるわけではないけれど、話してもいいということや対処方法があるかもしれないと思えることって大事だと感じます。子どもたちの中には、不安や苦手があることはダメだ、恥ずかしい、人に言えないなどと感じてしまうことがあります。不安や困ったことがあってもいいんだよって大人も子どもも思えたらいいですよね。

イカリボールくん

～言動の裏に隠されている思い。止めてくれてありがとう～

「イカリボール」の自分研究をしたBくん。研究に取り組んだのは、暴力が大分落ち着いた頃。自分のうまくいった経験をまとめました。当時の彼は、毎日のように怒りが爆発。学校でも怒りを抑えられない困った子と認識されていた気がします。そこで、研究に学校中の先生たちに協力してもらうことにしました。

「イライラタイプのイカリボールの研究をしています。特徴は、休み時間とか授業中とかに現れて最強です。研究協力をお願いします」

研究員としての名刺を持っていろいろな先生にインタビューに行きました。「水を飲む」「イカリボールが現れそうになったら落ち着く場所に避難」「運動をして発散」などたくさんのアイディア。中でもいつも怒られて大嫌いだった校長室で校長先生から「イカリの研究に関しては、君のほうがプロだからな。頑張ってね」と言われたことは本人もうれしかったようです。

こんな活動を続ける中で、彼に対する職員室の空気がだんだんと変わっていきます。「本人も大変なんだな」と困った子どもから困っている子どもへ。こういった認識の変化が本人を取り巻く環境の変化へとつながっていく。じつは、本人を変えるよりもっと環境へアクションするという視点も大切だと感じます。卒業のときの手紙にこう書かれていました。

「**暴力を止めてくれてありがとう**」

そっか。止めてほしかったんだね。暴力の渦中にあるときには、そんなこと思いもしなかったけど、教えてくれてありがとう。そんな気持ちになる手紙でした。

不登校の気持ち〜不安と一緒に育つ　向き合う大切さ〜

「あっという間に頭の中がすごいことになる」（図３）。

彼女の不安な気持ちがあらわされているマンガの一部です。

「みんなにたよったっていいもん」

そう。頼ることは悪いことじゃない。そう気づくまでに時間がかかることがあります。支援者も身近なモデルとして、人に頼ること、ヘルプを出すことを実践していくことも大切なことかもしれません。

図３　大泣き草

マンガの最後で、大泣き草を育てていくことを描いています。不安を消し去るのではなく、不安と向き合う、一緒に育つ感覚を持つことを教えられた気がします。

集団が苦手〜信頼できる人に相談　どんな気持ちも大事〜

集団が苦手で、人目が怖いと教えてくれた彼女。人との違いを小学校１年生から感じていて、みんながお楽しみ会をしていても「お楽しめない会」になっていたそうです。そんな学校ではほとんど話さないという日々を送っていたときに彼女と出会いました。ホワイトボードに絵カードを貼ったり、絵を描きながら対話を続けていく中で、ある日彼女が教えてくれたこと。

こころにさわるには
そうだんするということ
じぶんで　じぶんをかかえこんではダメ
人にはなすの
しんらいできる人にそうだんする
気持ちはすべて大事
ひとりでばくはつしちゃう

カウンセラーさんやお母さん等に話を聴いてもらえたことが、いい経験となっていて、今度は同じ気持ちの誰かの役に立ちたいと係活動で「相談会社」を立ち上げました。

「**気持ちはすべて大事**」

気持ちをすべて大事にしてるかな？　学校はうれしいとか楽しいとかポジティブな気持ちを表現させるけど、疲れたしんどい嫌だとかネガティブな気持ちだって大事かもしれない。すべて含めて自分を大事にできるように。そんなことを教えてくれた言葉でした。

05_自分研究の前に大事なこと ～安心安全と好き、ワクワク～

子どもたちとの自分研究の前に大事にしていることがあります。安心安全な環境を整えること、子どもたちの世界を教えてもらえるように一緒に遊び、時間を過ごすこと。ときにはリラックスする時間も大切にしてみる。多様な選択肢を用意する。

もっともっと好きなこと、ワクワク、楽しいことを大事にできないかなと感じています。子どもの世界を本気で面白がって、教えてもらえる大人でありたいな。そのためには、自分自身の自己理解を深めながら、大人も安心安全な仲間や場所を持つこと、つながることが大事だなと最近感じています。

大人側が変わること。大人側の子どものイメージを再構築する。私のテーマでもあります。

【エピソード～得意じゃない、楽しいだけだよ～】

ある日のこと。粘土で夢中になって作品をつくるCくんに思わず、「粘土、得意なんだね！」と声をかけると、「得意なんかじゃない！」と怒られてしまいました。しばらくして、彼がつぶやきます。

「ただ楽しいからやってるんだ」

そっか。楽しいからやっている。これが本質かもしれない。できるーできない、得意ー不得意。無自覚に優劣を表現しているかもしれない自分に自戒。子どもから教わる日々です。

06_新しい挑戦

「今までの常識に囚われず、子どもにとっていいと思うものはなんでもやってみたらいい」

コロナ禍で思うようにいかない日々の中で落ち込んだことがありました。そんなとき、本校校長から言われた言葉です。もしかしたら、固定概念や慣習、今までの中で自分でできないって決めつけていたのかもしれない。そんな気づきをもらいました。失敗してもＯＫ。どんどんトライしていいと思えることは、大人も安心安全を感じることができます。子どもにとっていい、子どもの幸せ、Well Beingにつながることならなんでもトライしてみよう。インクルーシブな教育の基本なのかもしれません。

以下、新しくチャレンジした取り組みを紹介します。

・オンラインの活用

自宅と学校や特別支援学級と通常学級などをつないで、自分に合った方法で授業に参加する。理科の実験に別室参加したり、図工も一緒に取り組んでいるような雰囲気で参加したり、自宅から算数の交流の授業に参加したりさまざまな方法を試しています。

・**外部とつないだリモート授業**

外部の専門家の先生とリモートならつながりやすい。人が苦手でもリモートなら、ときに画面を切ったり音声だけにしたり、いつもと同じ環境で進められ負荷が低いことも。そのおかげで東京大学の先生や東京藝術大学の先生と授業をすることができました。

・**発表方法の多様化**

自分研究の発表で、iPadのKeynote（キーノート）に音声入力を事前にして発表する子、PowerPointで資料をつくり、動画撮影を事前にし発表する子、動画で発表する子、絵に描く子、作品をつくる子など、発表の方法もさまざま。多様な選択肢から自分に合った方法を選んでいく過程そのものが自己理解につながります。

07_おわりに～対話から気づきへ～

「第三者の意見で気づくんですよね」

卒業生のふーちゃんがふとつぶやく。そういえば、同じグループで学んだ友だちも「仲間がいるから頑張れる」と話していたっけ。少数派の彼らが安心安全につながれ、自分を表現できる場が必要なのかもしれないと感じます。安全につながること、同じ悩みを抱える仲間の存在、自分だけではないと感じられることが、子どもたちを強くする気がしています。ふーちゃんとは絵を介してたくさんお話をしました。私の発見を伝えると、仲間のコメントから緩やかに気づきが生まれる。「気づき」を与えるというより､共に発見を楽しむ関係をつくりたいなと感じます。

「頼ったっていいもん」

子どもの言葉は心に響きます。子どもも大人も、困ったら誰かに頼ったっていい。ときには、支援者側も子どもに頼ってみるのもいいかもしれません。緩やかにつながり、助け合い、お互いさま。インクルーシブな教育は、まずは支援者側も自分を大事にすることから始められるといいのかもしれないと感じています。

とはいえ、どうやっていけばいいのか。

答えのない問いをいつも模索しながら、悩みながら日々実践に移している現状です。

子どもから見える景色を想像すること、言葉の裏に隠された意味や、子どもから謙虚に学ぶ姿勢。違いを大事にできる環境、あなたのままでいいって大人も子どもも感じられること、安心安全は子どもも大人も大切。そんな環境をつくる一員としてこれからも子どもから学んでいきたいです。

（協力：作品　子どもたち　四葉ん魚）

（森村美和子）

3. インクルーシブな教室が インクルーシブな社会をつくる

01_これまでの学校教育を考えてみた

十人十色の教室で

教室は万華鏡だ。やたら声が大きい友達がいたり、給食のおかずを一人で10個おかわりする友達がいたり、極小折り紙の達人の友達がいたり、女子の髪の毛を上手に結んでくれる友達がいたり、機械関係にとてもくわしい友達がいたり、好きなことについて熱弁してくれる友達がいたり、計算がすごく速い友達がいたり、いつでもどこでも笑っている友達がいたり……。そして私は、生き物係を数え切れないほどやってきた。〜中略〜こんな十人十色の教室で、いろいろな壁にぶち当たる。その度に、アクティビティをやり、教室の雰囲気を明るくして、対話サークルで解決方法を練り出した。

これは、以前に私が担任したクラスの子の卒業文集の一節です。2年間を一緒に過ごしながら、担任として私が大切にしたかったことを受け止めてくれた気がして、胸にしみる作文でした。

私は、担任した学級の子に、自分たちのクラスのいいところを尋ねることがよくあります。子どもたちがいろいろな意見を出し合う中で、最後に、とくにいいところ、いちばんいいところは何かな？　と問いかけます。

あるクラスでは、「**一人一人が違う特ちょうをもっている**」が、選ばれました。別の年のクラスは、「**個性的な人が多い。みんなが特ちょうをもっている**」でした。

この10年くらい、私が担任教師としていちばん大事にしたいことは、「自分らしさ」です。だから、こうした子どもたちの声を聞くと、少しはそんなクラスをつくることができたかなと思い、ホッとします。

そして、こんな価値観を子どもたちが持ってくれると、学級経営はずいぶん楽になります。なぜならば、子どもたち1人ひとりは多様な存在であるはずなのに、じつは、学校には、その多様性をみんな一緒にそろえてしまうという側面があるからです。

「みんな一緒に」「みんながそろって」でできている

特別支援教育の実施に伴い、学校には、特別支援教育コーディネーターが設置されるようになりました。その特別支援教育コーディネーターを務める私の仕事の1つに、入学前に就学支援シートを持ってくる保護者と話をすることがあります。そして、その話の際には必ず、入学式への参加について聞きます。もし、初めての環境に馴染みにくければ、前日や当日の朝、一度体育館に来てもらって、入学式の様子に慣れてもらうからです。私は、毎年こういう話をする度に、小学校とは、スタートから、みんなで同じことをすることが強いられる場なんだなってことに気づかされています。

入学式の日、みんなと同じ黄色い帽子をかぶり、同じ学習道具を手にして、みんなで同じ返事をしている子どもたちを見ているときの保護者の微笑ましい表情は、素敵なものです。一方で、その場にうまく振る舞えない子を見ている保護者の中には、不安や戸惑いを抱いている人もいるのだろうと思います。

さて、入学式を終えた子どもたちは、翌日からさらにみんなが同じであることを強いられます。同じ時間に、同じ場所で勉強し、給食の時間には、同じものを同じ数や量だけ食べます。さまざまなことをみんなと一緒に行うことをしつけられ、それができるように練習を積んでいくことになります。

低学年でようやく学校の仕組みが根づいた子どもたちは、中学年になって周りが見え出してくると、今度は自分よりもできる子の存在に気づき、そこに追いつこうと必死になります。そして、高学年。思春期を迎えた子どもたちは、今まで最も大事だった先生の話や評価よりも、友だちの存在や目線が気になり出します。親よりも先生よりも、友だちにどう思われるかが最も大きな関心事となり、そんな子どもたちは、みんなと同じような格好をして、同じような遊びをし、同じようなメディアにふれて、懸命に話題についていこうとします。そんな学校の教室は、インクルーシブよりも、異質なものを遠ざけるエクスクルーシブな空気に近いのではないかと思わされます。

しかし、かつて教務主任も生活指導主任も務めた私には、そうなってしまう事情もよくわかります。学校の学習や授業を取り仕切る教務主任の立場になると、かぎられた時間の中でみんなに同じカリキュラムを行わせることが強いられますし、子どもたちの生活を取り仕切る生活指導主任の立場になると、何百人の子どもたちが集団生活するには、みんなを同じにそろえるきまりやルールが必要になります。

そもそも今の日本の教育制度の歴史を振り返ってみると、日本の学校は、明治時代を発端とする「一斉指導」と「学年学級制」というシステムで成り立っていることがわかります。そんな学校で育った大人が、そんな学校の制度やシステムの中で行う教育活動ですから、「みんな同じ」がベースになってしまうことは仕方がないことでもあります。そして、そのおかげで、友だち同士の絆が深まり、親近感や仲間意識を持つことができるという側面もあり、そこで生まれた団結力や協調性は、日本人のよさにもなっています。

とはいうものの、インクルーシブの視点で学校を見ると、「みんなが一緒」「そろえること」に偏りすぎている傾向はやはり気になります。その結果、多くの子どもたちの安心感が損なわれ、必要以上に不安や苦痛が生じているのではないかと感じます。

もっと子どもたちが自分らしさや違いに価値観を置いてくれることで、安心して過ごしやすい教室になると私は思っています。そして、そんな教室は、私たちの教師のちょっとした考え方の変化や、教室での取り組みで、実現できるはずです。

02_インクルーシブな教室を考えてみた

「個」に関心を向ける

特別支援教育が実施され始めた頃、通常の学級において、「個」を大切にするべきか、「全体」を大切にするべきかという議論を重ねることがよくありました。私を含め、多くの通常の学級の担任は、集団の大切さを唱え、通級指導など特別支援教育側の立場の人たちは、個への視点の重要性を説いていました。この議論、当然「どちらも大事」「両者のバランスが大事」ということなのでしょうが、つねづね、学級を「集団」で捉え、関わらないといけない学校においては、「個」への関心がないがしろになりやすいことに気が付きました。「個」へ関心を向けること、とくに「個」の違いが認められるようにすることが、きっとインクルーシブな教室の土台となることでしょう。

私は、特別支援教育コーディネーターとして、クラスでうまく過ごせずにいる子どもたちと、教室の外で話すことがよくあります。教室を出て、１対１で話していると、ほとんどの子が教室で見せているのと全然違う顔を見せます。私の感覚では、３人までは、１対１の顔を見せますが、４人を超えると「集団の中の顔」が多く出るようになります。私たち通常の学級の担任教師は、集団での子どもたちと関わります。でも、子どもたちには、集団の中で見せる自分の側面と、１人の自分として見せる側面があります。その両方のその子を見てなければなりません。

「つながり」に目を向ける

学級を「個」と「集団」の視点で考えるようになった私は、その後、個と個をつなぐ「つながり」に目を向けなければいけないと感じ始めました。

写真１は、拙著『通常学級　子どもと子どもがつながる教室』（学事出版）で示したクラスづくりの立体モデルです。丸い球体が「個」、それをつなぐ棒が「つながり」で、できあがる立体が「集団」を表現しています。

写真１

１人ひとりの違いや自分らしさを大事にするとはいっても、それぞれがバラバラでいいわけではありません。むしろ、バラバラになりやすい子どもたち、１人になりやすい子どもたちをいかにつなげて、集団にしていくかが、担任教師の役割です。

担任を始めた当初は、写真１で示したような整然とした学級像を求めていました。しかし、個々の違いや自分らしさをより大事にしたいと思うようになった今は、写真２のような学級を思い描くようになりました。それぞれの「つながり」は、近いものも遠いものもあるけれど、でもしっかりつながっている。全体の形は整っていなくても、どの子もどこかでつながりあっている。そんな教室が、私が目指すインクルーシブな教室です。

写真２

03_インクルーシブな教室をつくってみた

マルチ知能を取り入れてみる

インクルーシブな教室をつくるために私が、子どもたちに教えているものに、マルチ知能という考えがあります。

マルチ知能とは、アメリカの発達心理学・教育学者のハワード・ガードナー博士が提唱した、人には〈言語的知能〉〈論理・数学的知能〉〈空間的知能〉〈身体・運動的知能〉〈音楽的知能〉〈対人的知能〉〈内省的知能〉〈博物的知能〉という８つの知能があるという考えです。マルチ能力、マルチプルインテリジェンス、ＭＩ、多重性知能などとも呼ばれています。このマルチ知能を、子どもたちが受け入れやすいようにとトーマス・アームストロング博士が考案したものが「マルチピザ」（写真３）です。

８つの力をピザの絵で表し、〈ことば〉〈すうじ〉〈え〉〈からだをつかう〉〈おんがく〉〈ひと〉〈じぶん〉〈しぜん〉というわかりやすい表現で示しています。

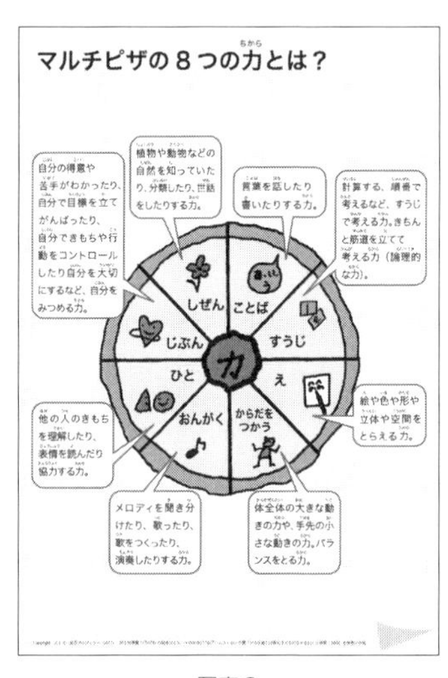

写真３
Copyright　スイミー風呂プロジェクト（2012）　JSPS科研費21730730の助成による。＊中央のピザはアームストロング著「マルチ能力が育む子どもの生きる力」小学館（2002）を参考に作成。

私は、涌井恵氏との授業研究[*2]の中で、マルチ知能と出会いました。写真３は、マルチピザをもとに涌井氏が作成したポスターです。

どの子もわかる・できる授業のために取り入れたマルチ知能でしたが、私が感じている効果は、子どもたちは、１人ひとりの見方、考え方、好きなこと、嫌いなこと、得意なこと、苦手なことが違うということを認識できることでした。

たとえば、国語や算数が苦手な子は、授業中「ぼくたちは頭が悪いから」と口にします。そんなときに、マルチピザを示します。「ことば」や「すうじ」の力は、人の知能のピースの１つにすぎません。それが今、うまく使えなくても「頭が悪い」と思わなくていいこと、ピースの使いやすさは、みんなそれぞれ違うことを話します。

こんなやりとりを繰り返すことで、自分もみんなも、１人ひとりの考

[*2] https://kaken.nii.ac.jp/ja/file/KAKENHI-PROJECT-21730730/21730730seika.pdf

え方や感じ方は違うことが認められるようになっていきます。

1人1役のシステムにしてみる

インクルーシブな教室をつくる上で、私がこだわる教室のシステムは、1人1役活動です。1人1役活動とは、教室にある日直や当番活動で行うような仕事を、1人が1つ担うようにすることです。

私は、もともとは、子どもたちの困難さの支援のために、1人1役活動を取り入れました。日ごと、週ごとにやることが変わってしまう仕事や、友だちと協力して行う仕事は、不器用な子、理解がゆっくりな子、友だちとの関わりが苦手な子にとって難しいです。だから、役割を固定し継続的に行えるようにしました。

しかし、それよりも、どの子にも教室の中に役割があり、その子も学級に貢献していることが認められるということが1人1役活動のよさだと感じています。だから、1人1役活動における担任の役割は、その子の頑張りや貢献を、クラスのみんなに伝えていくことです。

「○○くんのおかげで～」という言葉をたくさん発することで、教室の中に子どもたちの居場所がつくられていきます。

1人1役活動を続けていくと、新しく仕事を決め直しても、前回の仕事と同じ仕事を選ぶ子が見られるようになります。教室の中でその仕事の専門家が生まれます。教室に自分だけがやる役割があるということは、これ以上ないその子の居場所になります。どの子にも教室の中に居場所があること、どの子もその教室の中で有用感を持てることは、インクルーシブな教室の大事な要素だと考えます。

教室掲示を変えてみる

教室の掲示物を見渡すと、どの子も同じものが貼られていることがよくあります。公平性を大事にしているからなのでしょうが、優劣が見出されそうな作品をわざわざ掲示する必要があるのでしょうか。私が以前に、ある保護者の方から聞いた話では、学校公開や保護者会で貼られている掲示物を見ている保護者の目が、周りと同じように仕上がっていない自分の子の作品を見るときに一瞬止まるのだそうです。その様子を見るのがつらいとのお話でした。

そんな思いから、私は、それまで慣例で貼っていた毛筆書写の作品の掲示をやめました。多くの教室で、毛筆書写の作品が教室の壁に貼ってあります。学習の成果を友だち同士で見合うことも大事かもしれませんが、ずっと教室の壁に貼り続ける必要はないのだろうと考えます。

全員の作品を掲示する必要があるときには、子どもたちに自分のお気に入りのノートの一面を選ばせ､それをコピーして貼るようにしました。観察カードを入れるポケットファイルには、いちばん見てほしいものを前面に出すように伝えました。すると、子どもたちは、花丸をもらった作品を選んだり、自分のこだわりの作品を選んだりしました。そして、その選択は、教師がよいと思ったものとは違うこともよくありました。子どもたちの掲示を見ながら、その子の思いを知ることができました。子ども１人ひとりのこだわりが貼ってある教室は､統一感はないけれど、自分らしさが満ちていてなかなかいい感じだと思います。

オンリーワンゲームをやってみる

授業のスキマ時間などに、簡単なゲームやアクティビティをよくやります。その中でも、意図的によくやるものが、「オンリーワンゲーム」です。

たとえば「赤くて丸い食べ物は？」「学校にいる先生の名前は？」などの問題を出し、子どもたちが答えます。このとき、たった１人だけ答えたものが正解となるのが、「オンリーワンゲーム」です。

オンリーワン、1人だけでいることは、みんなと違うとか、ひとりぼっちは、教室の中ではあまりよいこととされません。でも、いつも誰かと合わせていなくても、考え方がみんなと違っていても、休み時間に1人で本を読んでいても、決して悪いことではないはずです。むしろ、教室で敬遠される、みんなと違うこととか、1人でやりとげられることは、見方を変えれば、大事な力になります。

「オンリーワンゲーム」は、教室で根づきにくいそんな1人だけの価値観に目を向けることができます。オンリーワンになった子どもが評価されることになります。だから、授業中にみんなと意見が違ってしまっても恥ずかしいことではなくなります。

このような小さな取り組みの積み重ねが、それぞれの違いを受け止められる教室の空気をつくっていきます。

04_教室からこれからの社会を考えてみた

ずいぶん前のことですが、近所の図書館を訪れたとき、受付の人に、大きな声で話しかけ続けている青年がいました。コミュニケーションがあまり得意ではないと思われるその青年の終わりそうにない問いかけに、受付の人も困惑しているようでした。思わず、私はその青年に声をかけ、今日のところは自宅に帰るように促しました。

そのとき、私が気になったのは、周辺にいた多くの人たちの決して目を向けることのない冷ややかな目線でした。そして、私が受け持つ子どもたちが成長して同じような場面に出くわしたとき、青年に注ぐまなざしが、もう少し温かいものであってほしいなと思いました。

インクルーシブな社会を築くのは、一部のマイノリティの人たちではないはずです。その人たちと関わり合うすべての人たちです。だからこそ、通常の学級で過ごす子どもたちへのアプローチがカギを握ると思っています。社会の縮図ともいえる通常の学級の中で子ども時代をどう過ごすかが、これからの社会形成に関係するのだとすれば、インクルーシブな社会のために担う私たち通常の学級の担任教師の役割は、思いのほか大きなものだと感じています。

(田中博司)

4. インクルーシブな学校で過ごした経験～共に学び、遊び、挑戦する経験～

01_何を語るか

本稿では私がこれまで受けた教育の経験から、インクルーシブな教育とは、そもそも何から排除されないという意味だったのかという視点から振り返り、その経験が私にとってどのような意味を持っていると現在感じているのかを共有してみたいと思います。

自己紹介

私は1984年に大阪で生まれ、２歳で全盲となりました。保育所から高校まで地域の普通学校で過ごし、大学では教育、障害、国際協力をキーワードに教育学、教育開発を学びました。

現在は日本の政府開発援助(ＯＤＡ)の実施機関である国際協力機構(ＪＩＣＡ)で、国際協力の仕事をしています。

02_教育の経験

地域で学ぶ選択

「子どもは子どもの間で育つ」。この両親の思いから、私は物心ついた頃から地域の保育所にいました。４歳のときに父親の仕事の都合で、ほかの県に引っ越してからも、地域の幼稚園に通っていました。

友だちとプロレスごっこをしたり、タンケンごっこで出かけて迷子になって近所の方に救出されるなど、子どもながらに冒険することにワクワクしていました。

転機となったのは小学校に上がる際、友人たちと離れて１人盲学校に行くかもしれないという話でした。当時の基準では友人たちと地域の普通学校に行くことは認められていませんでした。たくさんの方々が応援してくれましたが、地域の学校への入学が決まらないまま１年生が始まってしまったこともあり、母親の実家があり、視覚障害児も共に学ぶ実践を行っていた大阪に戻ることとなりました。

学習環境

大阪で無事に転校を果たし受け入れられ、先生方、クラスメート、親、ボランティア、行政を巻き込んだ試行錯誤がスタートしました。

地域の普通学校の学習環境は先生方、両親、教育委員会やボランティアの方々のおかげで年を追うごとに整えられていきました。

たとえば、点字の教科書は、最初はボランティアの方々に親からお願いしていましたが、徐々に市や大阪府から依頼してつくっていただけることとなりました。

また、先生方も点字を覚えてくださり、教科担任制になる中学、高校では英語、数学、化学といった特殊な点字も覚えてくださりました。そのほか、板書の際に「ここ」とか「この式」といった指示語を避け、具体的な言葉で読みながら書いてくださったり、図形や地図を使うような授業では、加配の先生が入ってサポートしてくださったりしました。

とくに教科担任制になった後は、同じ教科の先生が配置され、たとえば数学の授業にはほかの数学の先生もついてサポートするという形になりました。この先生は私のみならずほかのクラスメートもサポートしており、今でいうTeam Teachingのような形になっていました。後に高校の先生方がおっしゃっていたのは、お互いの授業から学ぶこともあったし、また私以外にもたくさんサポートを必要としている生徒がいたということでした。

学習環境を振り返るとき、点字や歩行訓練という視覚障害者に必要なスキルの学びも重要です。学校の先生方から教えていただいたほか、必要に応じて盲学校の先生や歩行訓練士の方々に放課後等に教えていただきました。とくに環境の変わる進学時などは休みの間に歩行訓練を受けられたことで安心して通学することができました。

また、学校の生活から１人だけ抜ける時間を最小限にできるような環境で点字や歩行のスキルを学べたことも、共に学ぶことと視覚障害者に必要なスキルを学ぶことを両立できた要因だと思います。

試行錯誤と共にいる文化

学習面の環境と並行して、「試行錯誤と共にいる文化」があったように思います。つまり、どのような活動でも共に取り組むことを前提として、どのように実現するかを試行錯誤するという文化です。

これは先生方が働きかけられた部分もあれば、友人たちの間で醸成されていたものでもあります。たとえば、体育祭でどのようにリレーを走るかという挑戦がありました。小学校の頃は紐を持って伴走してもらっていましたが、中学校１年生では最初の直線部分を前から声を出して呼んでもらい、２年生ではカーブを曲がるための試行錯誤を重ね、前で鈴を持って走ってもらいました。

また、中学校ではノートをとる量も増えてきたので、それまでの手打ちの点字板ではなく、より早く点字を打てる「パーキンス・ブレーラー」（点字タイプライター）という機械を使うようになりました。しかし、この機械は点字板に比べて大きな音がするので、私も恥ずかしく感じ、また周りへの迷惑ではないかと感じたこともあり、躊躇している部分がありました。

そんなとき、学級会でどうするかを話し合いましたが、下にゴムの下敷きを引いていたこともあり、あまり気にならないし、おしゃべりする人もいるということで、安心して使えるようになったことを覚えています。

このような試行錯誤ができた背景には先生方の間で、共に学び共に育つ、みんな違ってみんないいという思いが共有されていたことが大きいと思います。

多くの場面で上の言葉を先生方が語っていたことや、私の学習面のサポート以前にいじめがあった際には毅然として時間をかけて向き合っていたことを覚えています。

加えて「できないから別にしよう」という選択をせずに、上述したようにつねに試行錯誤をとりあえずやってみるという実践をされていたこともこの文化が育った背景かと思います。

あわせてそのような環境で共にいることで、友人たちの間でも日常的に試行錯誤する文化が育ってきました。たとえば体育祭の応援団では、ダンスの動きを手取り足取り先輩方が説明してくれたり、軽音楽部では友人が楽譜に沿って弾きながら説明してくれたりしました。

さらに、学校以外でも友人たちと、木の上に秘密基地をつくったり、鬼ごっこをしたり、自転車の２人乗りで遠出をしたり、多様な経験をすることができました。

任されることとロールモデル

学習環境と共に試行錯誤する文化に加えて、今の私をつくったもう１つの側面についても触れておきたいと思います。

それは任される経験とロールモデルとの出会いでした。

私はその学校では、唯一の視覚障害児であったわけですが、クラスの委員、給食当番、日直はほかの友人たちと同じように回ってきました。

また、中学校時代には生徒会長に挑戦しようと相談した際には担任の先生が背中を押してくれましたし、所属していたブラスバンドではトランペットパートのリーダーを任されました。ちなみにパートリーダーはパートの中で３つの楽譜があるため、自分のパート以外の楽譜も把握している必要がありますが、顧問の先生は３つとも点字にした上で任せてくれました。

加えて同じ視覚障害のある先輩で大学に通っている方が、親の会のつながりで家庭教師に来ていただいたことで、視覚障害者ならではの悩みや工夫を相談することができました。たとえば、なかなか声と名前が一致せずにクラスメートの名前を覚えられないことやサポートを依頼する際のためらいを相談したり、うまくサポートを依頼するコツなどは視覚障害の先輩からしか学べないことでした。

この２つの側面は視覚障害のあるなしに関わらず、自信を持って役割を果たせるという自然な感情を私に教えてくれました。

03_インクルーシブな教育での経験

ここまで私の教育体験をいくつかの側面から書いてきましたが、ここで私にとってこの経験がどのようにインクルーシブであったか、また私にとってどのような経験だったかを整理してみたいと思います。

何から排除されないことがインクルーシブか

インクルーシブ教育とはつまりは誰も排除されない教育ということですが、では何から排除されない教育なのでしょうか。

まず、地域の普通学級から排除されないということ。

次に、普段の学習、点字や歩行訓練も含めた学びから排除されないこと。そして課外活動、友人関係、さらには役割を任されたり、ロールモデルに出会える機会、このすべてから排除されずに共に過ごせたため、私にとってはインクルーシブな教育経験となったのだと感じます。また、それを実現するために先生、両親、教育委員会、友人たち、ボランティアの方々と私自身も含めて試行錯誤できたこと自体がインクルーシブな教育の方向性として感じられた理由かと思います。

インクルーシブ教育の議論は、ともすると障害のある子どもに必要なサポートのために特別支援学校・学級を選ぶか、地域とのつながりを大事にする地域の普通学級を選ぶかという話になり、ときに地域の学校に入学することすら困難なこともあり、地域の普通学級でいかに学習をサポートするかというところまで議論が及ばないことがあるように感じます。そのため、極論するとニーズに合った学習か、地域とのつながりか、この２つのうちのどちらかを親や本人が選択するという方向性になることがあるように感じています。

しかし、本来障害者あるいは家族だけが選ぶべき究極の選択ではないはずです。障害の有無に関わらず、学籍、学び、遊び、任される経験、個々に合ったサポートや尊敬する先輩との出会い、こういった領域から誰もが排除されないよう試行錯誤を重ねる過程がインクルーシブ教育であると、自身の経験を通して考えています。

私にとって

最後にこのような経験が今の私にどのような影響を与えたかを考えてみたいと思います。

まずは学習、課外活動、友人関係を含めたさまざまな領域にほかの子どもたちと同じように参加し、試行錯誤できたということです。上述したように多くの方々のサポートにより、大変恵まれた状況にありましたが、ほかの子どもたちと同様に、学習で難しい場面も、友人関係で悩む場面も当然あり、それを解決するさまざまな試行錯誤をしてきました。

とくにクラス替え、新しい部活、委員会活動等、新しい環境に入る経験を重ねる中で、声と名前が一致するまでに時間がかかることなど、知っておいてほしいことを先に伝えてしまうとか、どんなことでもいいのでまず一緒にやってみることで試行錯誤の連鎖が始まること、すぐに同じようにできなくても気にしすぎずにいろいろと試してみるうちに自分も周りもなじんでくるということを学んだと思います。

この経験が留学や就職といった新しいことに挑戦する際に「なんとかなる」という自信につながり、挑戦する原動力になっていると思います。

次に、私自身大変恵まれた環境で教育を受けたという実感もあり、障害の有無に関わらず誰もが教育、仕事、余暇等を平等に楽しめる世界に近づけたいという目標を持ったことです。

この目標に近づくため、キャリアとしても試行錯誤をしてきましたが、その過程で多くのすばらしい出会いと経験がありました。大学卒業後最初に働いた日本赤十字社では、働く上での基礎や楽しさを学び、自信がついたと共に、今でもつながる仲間を得られました。その後国際協力の道を目指して渡航したスーダンでは、どんな世界でも障害のある人が生活しており、仕事、教育、友人、家族、余暇といった日本の私たちが楽しんだり、悩んだりすることを同じように経験していることを学びました。

現在は国際協力機構（ＪＩＣＡ）の職員として、誰ひとり取り残さないＳＤＧｓの実現や保健、教育、防災、インフラ整備等国際協力で行われる事業のすべてから障害者や取り残されやすい人々が取り残されないインクルーシブな国際協力の実現を目指しています。

そして多くのすばらしい上司や同僚、視覚障害の先輩職員の方々、多くの部署の方々が一緒になって、障害者も取り残されない事業と働く環境の実現に挑戦しています。

今年２月にはＪＩＣＡのパラグアイ事務所に赴任し、視覚障害の職員の在外事務所勤務という新たな挑戦の機会をいただきました。

04_おわりに

このように挑戦する機会を持てるのは、インクルーシブな教育を実現してくれたすべての方々、そして大学の仲間や先生方、就職してからは会社の上司や同僚が、仕事、人間関係、任せること等から排除せずに、インクルーシブな環境をつくる試行錯誤に共に取り組んでくれたおかげです。この場を借りて感謝を伝えたいと思います。

そして、引き続き多様な視点から、世界のどこにいても、誰もが学び、遊び、働き、社会に参加できるようにするための試行錯誤を続けていければ望外の喜びです。

（福地健太郎）

Work リフレクションワーク

リフレクションのための問い

３名の先生の実践、１名の実際にインクルーシブ教育を経験した当事者の声を読み、ご自身も実践してみたいと思った点はどんな点ですか。

Books おすすめ書籍・教材

立ち止まり、自分のゲンザイチを振り返り、比較しながら、
また歩き始め続けるために

『はじめに子どもありき―教育実践の基本―』

平野朝久著、学芸図書、1994年
（＊東洋館出版社より2017年に新装版が出ています。）

教室のゲンザイチを振り返り、比較しながら、
自分なりの教室づくりに向かうために

『インクルーシブ教育を通常学級で実践するってどういうこと？』

青山新吾・岩瀬直樹著、学事出版、2019年

（大野）

子どもの当事者研究、さらに自分研究の実践について
学びたい方へ

**『特別な支援が必要な子たちの「自分研究」のススメ
子どもの「当事者研究」の実践』**

熊谷晋一郎監修、森村美和子著、金子書房、2022年

ふたりのマイノリティが探り出した他者とつながるための条件とは、
当事者研究を考える上での原点を知りたい方へ

『つながりの作法　同じでもなく違うでもなく』

綾屋紗月・熊谷晋一郎著、NHK出版、2010年

（森村）

教室で過ごす心地よさとは何かを考えるために

『生き心地の良い町　この自殺率の低さには理由がある』

岡檀著、講談社、2013年

道をひらくのは、力ではなく、
わかろうとする気持ちであることを忘れないために

『獣の奏者』

上橋菜穂子著、講談社、2006年～2010年

（田中）

インクルーシブ教育について一般的に関心のある方へ

『「みんなの学校」が教えてくれたこと
学び合いと育ち合いを見届けた3290日』

木村泰子著、小学館、2015年

インクルーシブ教育について学術的な観点で関心がある方へ

『インクルーシブ教育の源流
一九七〇年代の豊中市における原学級保障運動』

二見妙子著、現代書館、2017年

（福地）

放課後

みんなでモヤモヤを話してみよう

座談会1

インクルーシブ教育を実践する先生のしんどさ、どうする？

「放課後」は座談会のセクションです。先生方はインクルーシブ教育を実践していきたいという理想を持つ一方で、葛藤やしんどさを抱えているのではないでしょうか。たとえば、無自覚に差別的な発言をしてしまったり、いつのまにかそれが教室の中で当たり前になってしまうことがあると思います。そうはいっても一度にたくさんのことを学ぶのは大変ですし、それをすぐに実践するのはもっと大変。どんな課題があるのか、どう向き合って乗り越えているのか等、３名の先生にお話しいただきました。

収録日：2021年11月21日

大野　札幌の小学校で教員をしている大野といいます。今は通常学級ですが、初任の３年間が特別支援学校でした。学生時代もずっとボランティアで障害のある子どもたちと関わってきました。インクルーシブな、みんなが混ざって行うキャンプの指導も10年以上取り組んでいました。学校の外ではやりやすいのに学校の中では難しい。それはどこに原因があるのか、どうすればいいのかということをこの何年間も考え続けています。

大石　京都市の特別支援学校で働いている大石といいます。昨年まで中学校で知的障害学級の担任をしていました。こうありたい、でもここまでしかできていない、みたいなギャップを今すごく感じていますが、自

座談会参加者

大石梨菜（おおいし・りな） 京都市立総合支援学校教諭（座談会収録当時）。特別支援学校（高等部）、特別支援学級（中学校）を経て、特別支援学校（高等部）に勤務。現在はNPO法人日本自立生活センター自立支援事業所に勤務。

大野睦仁（おおの・むつひと） 北海道公立小学校教諭。学習者主体の教室づくりと職場づくりを意識した校内研修のあり方を模索中。「教師力BRUSH-UPセミナー」事務局。2007年文部科学大臣優秀教員表彰受賞。

清水奈津子（しみず・なつこ） 愛知県公立小学校教諭。小・中学校、特別支援学級（小学校）での勤務を経て、2021年度に市町をまたぐ異動。

分の弱さを認めるところからかな、という気はしているので、今日はそんなお話しができたらいいなと思っています。

清水　愛知県の公立小学校で働いています。昨年度まで特別支援学級の担任をしていました。当初は全然特別支援学級のことを知らず、独学で学ぶ中、たどり着いたのが「あぜみ」でした。よろしくお願いします。

理想と現実のギャップ～学んだことが実践につながらない～

大石　私は学んだことがすぐ実践できないことによく落ち込みます。人権や差別について学んでも自分の言動を反省することや、さまざまなよい取り組みを知っても自分の普段の行動や授業などに落とし込めずに力不足を感じることがあって……。そういうときはなるべく１人で抱えないようにしています。クローズドな場所や職場で、「こんな失敗しちゃった」「ちょっとしんどいです」と言えると少し楽になるので、そうすることを心がけています。

大野　ぼくも同じことを感じています。自分の中に入ってきた知識や理解をどう実践の形にしていくのか。本当にわからなくて手探りです。でも手探りしている間にも子どもたちは毎日生活していくわけで……。

清水　私は最初は講師で少人数学級を担当し、小学校、中学校、また小学校に戻って、特別支援学級の担任、そして今また小学校なのですが、いろいろな環境を知っているがゆえに「職員同士もうちょっと譲り合ったらいいのに」とか「ぶつからなくてもいいのに」と感じたりします。「その発言は人権的にどうなの？」みたいに思うこともあります。そして、そのときは本人に言えなかったとしても別の方法で気づいてもらえるように工夫してみたりしています。ダイレクトにはいかなくても地味な戦いをコツコツじわじわしている感じです。

大石　じわじわでも自分のありたい姿と行動が一致していくと、自己肯定につながりますよね。私は自分が忙しいときに、「どうしてこんなこともできないの」とか「これくらいできなきゃ困る」と相手に対する要求が多くなって、冷たい対応をしてしまうことがあります。でも、そんなときはありたい姿と違うんだよなとしんどくなります。人を「できる・できない」というものさしで勝手に判断しているなと。自分が心に余裕を持つしかないと思うのですが、物理的にかさむ残業時間で狭い心が顔を出してしまいます。

清水　人が足りないんですよね、絶望的に。

大石　足りないですね。

清水　足りないから余裕がないし、余裕がないから「こういうことをしたい」と思っても手が回らない。何とかしてかぎられた時間でこれだけの成果を出さなきゃみたいなことにすごく心を割いているんです。

大野　それから、職員同士で対話をする時間も圧倒的に足りない。感じたことを話したり検討したり振り返ったりする時間が学校にない。インクルーシブを含め､大事にしたいことがあってもそこまで手が回らない。「こういう価値観で子どもに関わってはいけない」とわかっていても、方策が見つからないままに進まざるを得ない状況があります。行事があったり学習進度の問題やカリキュラムの問題等で立ち止まることを許してもらえなかったり､自分の力不足で時間がつくれなかったりしても、取りあえず進んでしまう。本当はそこがいちばん大事なのに、そういう現実があるのではないかと思います。

大石　インクルーシブ教育を学んでも自分の実践まで落とし込めなかったり､周りの先生たちの発言で「あれ？」と思ったときに､「それちょっとおかしいですよ」と言えるほどの自信がなかったりして、どう言えばよかったのかな、という思いが日々繰り返されます。

大野　学んだことを実践できていないとぼくも本当に感じます。特別支援学校でそういう経験を積み重ねてきていてもなかなか形になっていない。そのことがまずしんどいです。たとえば、札幌市では希望者全員の教員にＬＧＢＴＱの理解のためのＤＶＤが配布されたんです。そこに、ある女性のインタビューが収録されていました。ある国に旅行したときにその町の人が､「あなたにはパートナーがいるか」と質問したと。でも日本だと｢彼氏いる？｣とか｢彼女いる？｣って聞かれる。｢パートナーはいるかって聞かれたことにどれだけ救われたか……」とその人が言っていました。ぼくはそのＤＶＤを見る前の日に、同僚の若い先生に「彼女いるの？」って聞いちゃったんですよね。自分はやはり本質的なところはわかっていなくて、知らず知らずに人を傷つけていることがあるんじゃないかって思いました。

　また、人権が優先だと意識して実践しているけれども、周りがそうさせないということもあります。｢あの先生のクラス、ＩＣＴは遅れているね」「あの先生のクラスはあんなことやっているのに、このクラスではどうなの」という保護者の見方につぶされている先生もいます。そういうことも含めてしんどいところがあるのではないかと思っています。たとえば給食の完食キャンペーン。「完食すること」を苦痛に感じる子どももいるんです。でも、キャンペーンだとほかの子たちが頑張ろうとするわけです。親の目や意識もあります。食べきれない子に目を向けられたらどうしようってすごく思うのです。ぼくはその子に対しては「いいよ、残しても大丈夫だよ」「キャンペーンしているけど、自分の頑張れる範囲で頑張りな」って声をかけるのですが、参観とか懇談会で保護者の話を聞くと「完食キャンペーンがあったから子どもが全部食べるようなったんですよね」みたいな声もあったりします。学校全体がそういう流れになってしまうとなかなか難しいです。教室と社会、教室と職員室は地続きだといわれますが、いくらぼくのところで、こんなふうに考えて実践していますといっても、学年を離れてしまったら違う先生が担任になるわけです。ぼくの学級での価値観と新しい学級での価値観のギャップ。低学年や中学年では、そのギャップへの対応が難しい場合もあります。１人で学んでいくことも大事ですが、やはり学年、学校で学んでいくことも大事。職員全体が理解して共有しないとなかなかインクルーシブ教育は実現していかないのかなと思っています。

対話の場と考え続けることの必要性

大石　職員室での仲間づくりって本当に大事だと思いますが、大野さんは、どのように仲間を増やしていますか。

大野　自分の思いを同僚に伝えるには、クラスづくりを通すと理解しやすいので、異動したらまず「自分のクラスをこういうクラスにしたい」ということを周りに伝わるような形で実践していきます。たとえば、校内研修の場を使って、「多様な子どもたちの存在を理解しながらやっていけたらいいね」といったことを対話を通して共有していきます。

大石　校内研修で取り上げるテーマは、この本のテーマのようなインクルーシブや人権についてですか。

大野　先生方１人ひとりの困りごとに職員全員で向き合い、エンパワーする感じです。その中でインクルーシブに関する話も出てきますし、人権の問題も出てきます。また、お互いの授業を見合うこともやっています。そうすることによって、その先生がどこにしんどさを抱えているのか、どういうところに目を向けているのかがわかるのではないかと思ってやっています。

大石　ベテランの先生に「昔は夜10時まで生徒指導について語り合った」「今日の授業の発問はどうだった、明日はどうしようと話す時間が楽しかった」などと聞いたことがあります。そういう対話の場が私もほしいなと思う一方で、そんなに遅い時間まで働くのは嫌だなと思ったり……。そんな葛藤がありますね。

大野　夜10時や11時まで職場に残る時代ではないと思います。だからこそ学校にいる時間、その枠の中で話をしたりシェアしたりする場を制度的につくっていくといいのではないかとぼくは思います。

大石　「私はこう思っています！」ということを言葉にして、堂々と言える力量があったらいいなと思います。

大野　そうですよね。年代や在籍の年数が上がれば上がるほどだんだん言いたいことも言えるようになってきたり、同じような考えを持っている先生方にどんどん広めていけたりしますが、異動初年度とかはなかなか難しいですよね。２年後３年後にはある程度広がっていくけれども、その２、３年の間にも子どもたちは生活していて、その子たちへの関わりには間に合わなかったりするわけです。

清水　私は「これは絶対に譲ってはいけない部分」があるのですが、最終的に子どもがよくなるならどういうルートでもいいんじゃないかと思うところもあって、適度にうまく周りに合わせることが多いです。「こういうことが大事なんだ」っていう芯のようなものはあるのですが、「本当にそうなのかな」と疑い続けている面もあります。いろいろな本を読んで考えが偏らないように、凝り固まらないようにしています。ですから、ちょっと自分と違うことをしている人がいたらすごく興味を持ちます。そして本当に気になったら聞きます。「先生、この間こんなことをしていましたよね」って。「あれは何をやっていたんですか」とか。そういった小さい積み重ねがお互いの理解へつながるのかなと思っています。今は、世界がめまぐるしく変化していて、何が正しいのかがわかりにくい時代だと思うんです。今やらなければいけないといわれていることが、子どもたちが大人になったときに本当に必要なのかどうかもわからない。みんなで考え続けることが大事ではないかと思います。

大石　お互いに聞ける職員室の雰囲気って大事だと思います。今の職場は、いろいろな先生が「これ、どう思いますか」「わからないので教えてください」って聞き合っているので、自分も聞きやすいです。そうやって、気軽にお互いの考えを知ることで、学年や学校全体での共通認識がちょっとずつ広がっていくように思います。

清水　そろそろ自分の年代的に、若い先生に対してときに厳しく言わざるを得ないこともあります。子どものためには言わなくては、と思うのですが、結構しんどいですね。

大野　ほかの先生方に理解してもらうとか伝えることは、本当に難しいと思います。後輩に対して思ったことも個人的に言うとしんどくなるかもしれないですが、問題を共有しながらいい方法はないかを模索する対話の場があるといいですね。ただ、働き方改革で、一生懸命仕事してなるべく早く帰ろうとしている先生方に、「ちょっとこの話しませんか」「ご相談があるんですけど」って言えない。本当に大事なことは時間をかけてやったほうがいいと思うのですが、なかなかそれが難しい時代なんです。だからこそ、インクルーシブであることを目指すときには学校の枠の中でそういうことを伝え合えたり共有し合えたりする場を制度的につくっていくのがいいのではないかとずっと思っています。個人の頑張りだけではなかなか広がっていかないし、子どもたちのためにならない。意識とか知識とか理解を積み重ねていく一方で、それをどうやって広めていくかという枠組みも考えていく必要があると思います。

清水　その枠組みというのは学校単位での枠組みなのか、それとも全国的にこういう枠をつくりましょうというイメージなのか、どんな感じですか。

大野　全国的な枠組みがあればいいとは思います。でもそれはなかなか難しいから、まずはせめて学年会、学年打ち合わせで話題にしたり……。ぼくは前任校では学年会でおやつ係を決めておいて、今日は〇〇先生のおやつコーナーみたいな雰囲気で、おやつを食べながら子どもたちの話をします。そんなふうに共有する場をつくったりしていました。それを学年から学校へと広げていけるといいのではないかと思います。教師自身もしんどさを抑え込みながら実践しようとしています。自己開示するのは難しいかもしれませんが、共有できたほうが絶対に安心して安定して子どもたちの前に立てるんじゃないか、そのために対話する場があったらいいのではないかと思います。

大石　あとはやはり外に発信するのが大事だと思います。学校現場の声を見える化する「School Voice Project」[*1]がありますよね。アンケー

[*1] 学校現場の声を「見える化」し、対話の文化をつくる取り組み。教育ファシリテーターの武田緑さんが発起人（https://school-voice-pj.net/）。

トなどで教員の声を集めて、外部に働きかける。学校内だけで言っていてもそれが当たり前と思っていますから、なかなか変わっていかないと思うんです。気づくためには知ってもらう必要があると思います。

大野　「School Voice Project」は1人ひとりの声を集めて大きな声にしたり、同時にその中にいる1人ひとりの思いを大事にしていこうという考え方がいいですよね。

自分自身をケアすることも大事

大石　教師って時間的にも社会的にもしっかりしなきゃいけないみたいなイメージがあって、変に使命感もあったりして、それが抑圧として自分に返ってきているのかなと思います。でも、そう自覚するとちょっと楽にはなると思うんです。要求水準の高さから私、しんどかったんだって。1つ言語化できたら1歩進めるかもしれない。

大野　めっちゃわかります！

大石　自分のせいじゃないっていうのも1つの救いだと思うんです。「構造としてそうならざるを得ないのかも」と思えるようになれば、休職する先生が減ったりするのではないかと思います。インクルーシブな学校を目指すにはやはり余裕があることが大事で、先生が倒れてしまったら余裕はなくなる。それを防ぐ方法がほしいなって思います。

大野　職員室がインクルーシブになっていないとダメですよね。安心して安定して先生が仕事をできるからこそ、子どもたちにもよい影響、よい場づくりをしていけるんだと思います。昔だったら飲みに行くぞーって、一緒に話をして勇気づけてエンパワーして、また明日から頑張ろうって精神的スキル的な支えになれたんですけどね。今はなかなかそういうこともできない……。

清水　私が今いる学校では、情報共有する場や枠組みがきちんとつくられています。担当者が学校全体のことを考えて、円滑に話が進むようにポイントを押さえて話し合うように意識されているので、すごくいいです。あとは、自分の時間的、身体的な余裕も大事だと痛感しています。とにかく早く寝る（笑）。特別支援学級では個別にいろいろな対応をするので、教材もほぼ手づくりするんですね。でも、支援級の担任になって１年目は、手をかけた割にはうまく授業が進まないことがあって。通勤時間が片道１時間以上かかる上に、教材づくりに時間がかかるので、寝るのも遅くて睡眠不足だった時期があったんです。ある日、「もうあまりにも疲れたから今日は早く寝よう」と思って、内容を詰め過ぎないで寝ました。そうしたら次の日すごくすっきりして、子どもたちに穏やかに接することができて、すごく授業がスムーズに流れたんです。「これや！」と思いましたね。やはり寝なきゃダメです。寝ましょう（笑）。

大石　寝ましょう（笑）。

大野　ぼくはサードプレイス（自宅・職場以外の第３の居場所）を持つことを意識しています。そこではなんでもない時間を大事にしています。あとは振り返りもよくします。目的を持ったリフレクションではなくて、なんとなくぼーっとする。子どもたちが帰った後の教室をぼーっと眺める。気持ちをシャープにしちゃうと厳しいところしか見えてこないので、ぼんやり見ることによってプラスのものが見えてきて、少ししんどさも消えていくかなと思ってやっています。リフレクションの視点とか方向性を考えること、サードプレイスを意識して生活することがぼくとしての乗り越え方かもしれません。こういう場、「あぜみ」もそうだけれども、同じ思いをしている人と思いを共有することですごくエンパワーされるので、そのことも大事だと思っています。あとはやはり学びが大事。何かを学んでいる、ちょっとずつ知識がたまっていることを意識すると、少しは安心できる気がしますね。

座談会2

「できる」「できない」だけで子どもも自分も見ていないか？

誰もが、学校、そして社会において「できる－できない」を軸として誰かに判断されたり、その軸で自分や他者を捉えてきた経験があるのではないでしょうか。

「能力主義」とは、英語でいうと「メリトクラシー」と「エイブリズム」の2つに対応するものです。「メリトクラシー」とは、個々の能力や業績によってその人の地位や権限・所得が決められる制度やそのような社会のことを指します。「エイブリズム」は、身体的、精神的にできることやできないことを理由にシステマティックに抑圧をすることを指します（池田賢市・市野川容孝・伊藤書佳・菊地栄治・工藤律子・松嶋健『能力2040-AI時代に人間する』太田出版、2020年）。

学校や社会においては、「できる」人が評価され、「できない」人が評価されない、そのような価値観が当たり前になっていますが、それによって失われるものや見過ごされるものもあり、インクルーシブな社会をつくっていくためには、少し立ち止まって考える必要がありそうです。

ここでは、背景の異なる3名が能力主義の弊害や乗り越え方について語り合いました。

収録日：2021年11月20日

座談会参加者

遠藤径至（えんどう・けいじ）　臨床心理学の大学院を出て障害児支援を志望していたが、縁あって厚生労働省に入省。キャリアコンサルタントの資格も取りつつ、障害者雇用を中心にハローワークなどの職業安定行政を担当。

太田祐輝（おおた・ゆうき）　IT系ベンチャーのバックオフィスなどのキャリアを経て、うつによる体調不良で専業主夫に。通院治療を続けながら、段階的に就労時間を増やし、現在は時短正社員としてNPO法人勤務。

桒田嵩平（くわだ・しゅうへい）　高齢者の介護福祉サービス、病院勤務を経て、現在は障害福祉サービスで障害当事者の就労支援（就労継続支援Ｂ型と就労移行支援）をしている理学療法士。とくに一般就労を希望する障害当事者の方にその選択肢を増やすべく取り組んでいる。

能力主義から距離を取ったときに見えた世界

太田　はじめに簡単に自己紹介をします。能力主義のレールの上を走っていた私がそこから逸脱し、再びうまくつきあうまでのことを話しますね。能力主義的な文脈では、私自身は地方から京都大学に進学し、それなりの給与で働き、結婚し、子どももいる。競争社会でいえば勝ち抜いてきた側、「できる」子だったかもしれません。ですが、長時間労働と育児の両立がうまくできず、うつ病になり、専業主夫になりました。専業主夫といいながら、社会的にはただの無職のおじさんです。能力主義的な競争社会からはずいぶん遠ざかりました。

「できない」という自分を受け入れるにも時間がかかりましたし、能力主義的な価値観とは違う価値観で社会の中で生きる必要がありました。これまでの競争社会とは異なる視点で社会とつきあうという感覚です。

競争主義的な価値観で見れば、うつで専業主夫をしている期間は、社会的なキャリアが断絶したブランクとみなされます。でも、社会とまったく関わっていないわけではなく、地域のつながりやバイト先の同じ立場の専業主婦の同僚、数少ない主夫同士のコミュニティなど新しい社会とのつながりも生まれました。社会的にはブランクですが、私にとってはその期間で得られたつながりや一般的な就労では得難い経験を得ることができました。とはいえ、再び正社員として働くまでにその経験はあまり意味をなさないもので、復職に至るまでにたくさんの困難がありました。能力主義的な価値観だけで、企業の採用面接や学校の入試などが行われてしまうのは、そうした経験をなかったことにしてしまうものだと感じています。

粂田　うつ病になって能力主義的な価値観から解放されたというのは、具体的にどのような経験があったのですか。

太田　専業主夫になってから生まれたつながりは、自然に話せる楽な関係性であることが多かったです。スーパーでバイトをしているときも、同じ主婦／主夫仲間同士で夕飯の話や子育ての話で盛り上がったり。男性中心的な社会・会社では話しづらい、かみ合わないことが多い会話が成り立つのがうれしかったです。でも、地域もスーパーも旧態依然としたところが多く、男性と女性の役割が明確に分かれていました。基本的に女性は男性をサポートする、という構造がそこにはありました。そのどちらでも私は女性的な立ち回りをしていました。いやいや、お茶ぐらい私も出せるし……「ああ、私はこっち側だよな」と。男性なのに働かないで主夫をする、あるいはスーパーでバイトして地域の活動をする。女性にお茶を出させる男性社員や地域の男性を見て、違和感というか怒りを覚えるくらい、価値観は変化していました。仕事のできる、できないだけで優劣がつけられ、ともすると性別だけでそれが判断されてしまう社会への違和感です。

栾田　主婦／主夫の人たちといろいろ話す中でそっちのほうが自分の中ではしっくりくるみたいなのがあったんですね。

太田　そうですね。仕事の話だけをするのもいいのですが、共働きのつらさや子育ての話はしたくても話せない。なぜかというと、みんなやっていないから……。

能力主義とジェンダー規範に抑圧されたキャリア選択

遠藤　仕事に復帰されてからはどんな生活なんですか。

太田　うつ病になってから、１日８時間労働がしんどくなりました。だから最初は１日４時間のスーパーのバイトから体を慣らしました。今も時短勤務の正社員として働いています。１日８時間労働が当たり前なのってしんどいですね。女性の時短勤務は多いのに男性の時短勤務はまだ一般的ではない。もっと男性の時短勤務が広まればいいのに、と思っています。私がうつになったときは、加えて長時間労働が当たり前でした。長時間働けば、当然その分成果が出て評価される。能力主義の競争社会ではそれが当然ですが、私は家事や育児にもっと時間を使いたかった。でも家事や育児に時間を割けば、会社の中で成果は出せず評価は下がる。私自身も能力主義にとらわれていて、やはり評価されないと悔しい。そんなジレンマからのストレスが強かったです。同じように苦しんでいる人も多いのではないかと思っています。だから男性の時短勤務をもっと広めたいし、１日８時間労働が当たり前じゃなくてもいいと思って発信をしています。

遠藤　就労におけるジェンダーのみならず、家庭と仕事の両立、治療と仕事の両立にもつながるお話しだなと感じました。

太田　主夫をしていたときもブログを書いて発信していました。主夫の発信をしていると主夫同士でつながりができることも多く、先輩主夫の話もとてもためになったのですが、そうした人が主夫になったきっかけを聞くと、積極的に主夫になった、というよりは、私と同じように体を壊して主夫をせざるを得なかった、という人のほうが多かったです。今は男性だけでなく女性も同じ社会の競争のレールに乗せられています。女性の場合はとくに最初から不利な条件を突きつけられています。では女性も不利な条件がなくなり男性と同じように競争できるようになればいいのか、といえばちょっと違う気がしています。男性の競争もしんどいから。だから、そもそも競争のルールを見直すことが必要なんじゃないかと。男性でも女性でも、得意不得意がある、体力のある人、ない人もいる、いろんな人がいて、お互いの前提もスタート地点もばらばらなのにテストの点や年収など競争になりがちな数値で測れるわかりやすい指標で測ること自体が何かおかしいんじゃないか、と思っています。

遠藤　一律の指標で勝ち負けが決まるのではなくて、総合評価といいますか、いろんな人が持っている、さまざまな「よさ」を取り込めるようになったらいいということでしょうか。

太田　競争のルールに乗っからない、という選択肢は今の社会の中ではまだ茨の道だと思っていますが、私としては競争のルールに乗っかりたくないと思っています。世の中競争だけではないという考え方があってもいいのではないかと思うのです。競争しないキャリアのつくり方もあるのではないか。前提条件が違う、スタート地点が違う人が、ただ競争したのでは当然負けてしまう。偏差値とか数値で測れるものだけではなく、違う測り方があっていいのではないかと思います。

会社というのは、いろんな人の人生を抱える場所として社会を反映するものでもあると思いますので、競争からちょっと外れてしまったり、うまく競争できない人が会社の中に居場所を見つけられたらすごくいいなと思うのです。でも今は放り出されてしまう。ちょっと冷たい社会だなと思っています。私はたまたま運よく能力主義とのちょうどいい距離感をつかむことができましたが、バリバリの競争社会から降りても、社会の中で生きられることが当たり前になるといいなと思います。

ワーク・ライフ・バランスの理想と現実

遠藤　役所志望の方との面接では、ワーク・ライフ・バランスとして「実際、どれだけ残業するのですか？」とか、女性ですと「子どもを産むと出世が遅れますか？」などと率直に質問する人もいるようで、すごいなと思いました。太田さんは会社を選ぶときに、そういう働き方やワーク・ライフ・バランスへの取り組みは判断基準として意識しましたか。

太田　まったく意識しなかったです。それを言ってしまうとマイナスの評価をされてしまうかなと思いましたし、そもそも新卒時にはたいていの人は大したスキルもない弱い立場なので、自信満々に言うわけにもいかない……。そういった質問はタブーみたいな感じもあってほとんど聞けなかったと思います。私は今、副業で企業の採用支援をしていますが、いまだにそういった質問に対しマイナス評価をつける企業もありますし、実際に聞いていた時間以上に長時間労働をさせられる、といったケースもあります。

遠藤　学生からすると、面接などで質問したところで本当のことを言ってくれるかどうかはわからないので、もうはじめから聞かない、と考えるかもしれませんね。雇用主の立場はすごく強いので、こんなこと言ったら落とされるんじゃないかと考えると、本当は気になっているのにわからないままに飛び込まなくてはいけないのはつらいですよね。

太田　そうですね。今はもしかしたらそういう風潮は少し変わってきているのかもしれませんが。

遠藤　採用面接をする人は年齢が上の人ですが、その人たちの価値観が十分にアップデートできているかという問題がありそうです。

太田　人事担当者は学生の傾向に敏感だったり、組織をもっとよくしていきたい気持ちが強かったりするので「頑張って残業を減らしていく」とか「多様な人材を受け入れる」という意識はあるのですが、実際に現場に行ってみるとそうじゃなかったりするわけです。

粜田　人事と現場の乖離はぼくも就労支援で感じます。人事の人は配慮するって言うけれども、とくに中小企業は余裕がなく、お金を稼がなくてはいけない現場では、上から求められている成果を出すというプレッシャーがあります。いわゆる資本主義のもと、上から言われたことは絶対に取り組まないといけないわけです。そうすると就労継続支援B型事業所の障害当事者のメンバー（以下、メンバー）への支援をするときに、本人の希望や思いを尊重したいけど、社会から求められるプレッシャーから、メンバーを抑圧してしまい、支援者としてしんどさを感じることがあります。

生産性や効率にとらわれない価値観を育てたい

遠藤　すぐに成果が出なくてもちょっと長い目で見る、という姿勢は余力がないと難しいんですよね。「明日の朝までに必ずこれをやらなくてはいけない」みたいなことに縛られていると、即戦力といいますか、今までのやり方に対応できることが採用にあたっての最低条件になってしまう。新しい取り組みは長期的にはイノベーションのきっかけを生み出したり、誰もが活躍できる社会に近づくといったメリットがじつはあったりするけれども、それを検討するだけの余裕がないこともあると思います。正論なんだけど響かない、正論なんて無理、みたいな空気ですね。障害者雇用の分野でも、受け入れる側の体制や余力によって、こちらのメッセージの受け止め方が変わってくることがあると感じました。

粂田　選択肢が１つしかないということなんですよね。現場は経営的にも労働力的にも余裕がないために「任されたことができる」という強い１択の価値観しかない。そこに本人の幸せを考えるという価値観を選択できないことが、自分の中ではしんどさにつながっています。

あるメンバーとのやりとりで本人の幸せを考えるためには聴く姿勢が大切なのだと感じる経験がありました。そのメンバーはシングルマザー問題、ヤングケアラー問題、不登校問題などさまざまな社会課題を背負いながら就職したのちに、数か所の離職を経てぼくが働く就労継続支援事業所に来ました。はじめの頃から人への不信感が強く、対人トラブルが頻繁にありました。その度に仕事に支障が出ていたので、「任されている仕事に支障が出てはいけない」というプレッシャーを感じていた支援者としての私は、「仕事ができるように」と指示や注意をしていました。でも、半年経っても１年経っても現状は変わることはなく、注意し続けることにしんどさを感じるようになりました。

遠藤　想像するだけでしんどさが伝わってきますね。その１択の価値観に飲み込まれていた状態から脱出するきっかけが何かあったのでしょうか。

粂田　メンバーと関わり始めて約３年が経過した頃、施設外就労先の職員と対人トラブルがあったので個別面談をしました。その中で「粂田さんにはわかんないですよね。家庭もあって子どももいて仕事もできている。ぼくの苦しみなんてわからないです」と言われたことがすごく胸に突き刺さりました。私は今まで何をしてきたんだろう……と。メンバーの幸せを望んでいるのに何もできていなかったのではないかと感じて、そういう自分にすごくしんどくなりました。そこから今までの関わり方のままではいけないと強く感じて、まずは良い悪いもなしにありのままに聴いて受け入れることを決意しました。その結果、メンバーから相談を持ちかけてもらえるようになり、明らかに今までよりも信頼関係を築けているように感じました。この経験から、聴くことができていなかった自分に気づいたと同時に、信頼関係を築く上で聴くことの大切さを学びました。私の関わり方もそうですが、社会の中で今までそのメンバーに少しでも聴いてもらえる存在という支援の手が差し伸べられていたら、もっと違ったのではないかと思うのです。自分のことをわかってもらえているという経験があったらメンバーは、“自分は理解してもらえてるんだ”と自分を大切にしてもらった感覚を持つことができ、人への不信感の強さから起こる対人トラブルはなかったのだろうと思います。仕事ができるという価値観よりも、聴く人の存在や、自分が大切にされた、自分を理解してもらえたという価値観のほうが大きくなってほしいなと強く感じます。

一方で、理解のある雇用者もいます。障害者雇用で就職が決まった人の話ですが、そこの所長さんがとてもいい人で、「一生懸命働いてくれて、まあちょっとミスもあるけど頑張っている姿勢が周りにいい影響を与えているし、本人もうれしそうだから、なんかいいですよ」と言われたときに、こういうのがいいなと思いました。できないこともあるけれど、本人の頑張っている姿とか本人のうれしそうな表情だったりをくみ取って、「できる」というだけの価値観ではないところ、数値化されていないものにも目を向けられる、そういう社会になったらいいなと感じました。生産性とか効率ばかりに価値を置くのではなく、本人の幸せを本当に望んでいる人がいるんだなっていうことを感じたら、自分の中でふっと力が抜けました。

太田　就労支援というのは１人の人に対して割と長いスパンで関わるのですか。

栗田　大体１〜３年という関わりが多いです。若い人に対しては私の事業所の場合は、一般就労への枠を広げる、選択肢を広げていくことを大事にして取り組んでいます。

太田　私のようにうつ病で休職してしまった場合のリワーク支援というのは、６か月とかすごく短期間なんです。その間だけで回復するものでもないですし、実際に寛解するまではもっと時間がかかります。でも、社会のほうが待ってくれないし、会社の休職期間も６か月のところが多いです。また、相談できる場所も少ない、それを探すのが大変でした。栗田さんのところに来られる方はどういう経緯で来られるんですか。

栗田　ぼくが働く就労継続支援Ｂ型事業所は本当に多様で、引きこもりのメンバーやうつ病のメンバー、障害の診断を受けてきましたというメンバーもいます。私は基本的には「待つ」というスタンスで、「一般就労に向けて動きたいと思うので、ハローワークに行きます」といった形でメンバーが動き出すまでに何年もかかることもあります。本当は動きたい、人の役に立ちたいと思っているけれども体力的にも精神的にも動き出せないというメンバーも少なくありません。メンバーの中でも葛藤があるのだろうと思います。やりたいけどできない自分、その揺れ動く中で苦しんでいるのがすごく伝わってきます。支援にスピード感を求める人もいますが、そのことがメンバーにとってプレッシャーになることもあります。何が正解なのかわからない難しさはあると思います。深く聴き過ぎてもメンバーは深く入ってこないでよ、という感じになる。こちらからは何も求めない、そのままでいいという環境をつくることが大事だということを学びました。長い目で見て待つという関わりが、本人が心の余裕を持つ上でも本当に大事なんだろうなと感じています。

支援者が変圧器になるといい

遠藤　行政サービスには、利用期間が最大何年、というような制限があるものとないものがあります。必要な支援の規模感を踏まえて設定しているのだとは思いますが、どうしてもその期間では足りないという人は出てきてしまいます。それから、「Ａという困りごと」と「Ｂという困りごと」に対して、役所は「Ａの人にはＡの窓口、Ｂの人にはＢの窓口、あなたはどっち？」みたいに入口で振り分けることがあると思います。しかし、ＡもＢもあって困っているという人にぴったりの支援がなくて、必要な人に必要な支援が届かないということがあるのではないかと思います。そういうときは、もちろん制度面の改善を図っていくことも重要です。

一方で、制度を変えるには時間がかかることもあるので、今ある支援メニューをうまくアレンジするのも、支援者の腕の見せどころなのではないかとも思います。既存の支援メニューに人を押し込むのでなく、制度とニーズのギャップがある中で、どうやってその人にとって必要で適切な支援をひねり出すか。私はなんとなく、よい支援者には変圧器のようなイメージを持っています。そのままぶつけると治療的ではないので、間に入って翻訳して、使い勝手の悪いリソースをいい感じに変換する。

粂田　変圧器としての役割は本当に大事だと思います。その人が社会で受けているプレッシャーを支援者がまず自覚した上で、たとえば国から求められているものと現場で求められていること、さらにその人の幸せに結び付くことを考えて調節しながら支援していく。そのときに、あくまで本人にチューナーを合わせ、本人が受け取れるようにする。そうすることで本人の喜びに変わる瞬間もあったりするわけですよね。

遠藤　そうですね。ただ、そのようなギャップを埋め続けるというのは、しんどいところもあるんじゃないかと思います。ギャップを埋めるということは、高い理想を持ち続ける必要があって、中には埋めきれないものもたくさんあるかもしれません。それで倒れてしまうぐらいだったら、変な言い方ですが、いったん理想を保留することも必要なのではと思います。支援者に求めることの話をしていますが、個人ですべて頑張らなくてはいけないということではないです。社会制度の影響は大きいと思います。やはり社会があってそれを使う支援者がいて本人がいる。本人の能力や知識には個人差がある中で、社会制度や風土みたいなものが底上げしているようなことはあると思います。市町村単位でも制度がだいぶ違ったりします。ただ、その背景には市長のイニシアチブという、属人的な要素がまた影響していたりしますが……。誰もが生き延びられる社会であってほしい、ということを最近よく考えます。ピンチに陥ったときに、セルフケアの引き出しがたくさんあってうまく処理ができたら、そもそも大変なことにはならないかもしれない。セルフケアのスキルは、それらを身に付ける機会があるかという意味で社会制度、教育の影響が大きいと思っています。

太田　社会制度はすごく複雑で、労働者の権利や自分が働けなくなったときにどういう助けがあるのか等といったことは、なかなか知る機会がないと思います。本来は労働者としてきちんと学ばなければいけないことですが、自分が健康なときにはまさか自分がそうなるだろうとは思わないし、いざそうなったときには調べる気力もなかったりします。「自分を守る術を知っておけ」では、社会の抑圧に負けている人に対して言うには冷たい気もします。

遠藤　そうですね。援助要請が苦手な人もいます。セルフケアのほかに、あるいはセルフケアの一環として、援助要請スキルみたいなものもすごく重要だと思います。ぼくなんか自分で咀嚼しないと動けなかったりするので、そういう頭でっかちな人間は、支援機関とつながる意義を理解しておくのがいいのではないかと思います。せっかくいい支援機関があってもそこにつながる機会がなくて悪化してしまう人もいると思います。すごく頼りになる支援機関の存在だけをインプットしておいて、困ったら110番するみたいな感じでそこに連絡を取る。その電話番号だけ覚えておく、というのも1つの手だと思います。今の若者相手だったら行政文書の送付みたいな感じではなくて、YouTubeやLINE相談といった取っ付きやすい形を用意すべきだと思います。なるべくハードルをさげて、援助要請がへたくそな人もこぼれ落ちないようにしたい。

太田　確かに。

遠藤　細かいことは覚えなくていいけど、こんなサポートをする施設があるといったことをいったん覚えておくことは、無理がないと思います。以前、（何かの講演で）仕事と介護の両立についてのお話を伺ったとき、そのようなことを聞き、とても印象に残っています。

能力主義以外の価値観を持つために

粂田　能力主義の社会では、「できること・求められていることをこなせたらいい」という価値観ばかりが押し付けられるわけですが、「こうでもいいよ、こうする方法もあるよ」という多様な選択肢が本人の幸せを実現する近道ではないかと思うのです。そして多様な選択肢を提示する前に本人がどう思っているか、どう感じているかを聴く。聴いてくれる人の存在が大事だと思います。聴いてもらって自分をわかってもらえた、私を大事にしてくれる人がいるんだ、私ってこう思っていたんだという経験を積み重ねることが能力主義以外の価値観を持つためには大事なのかなと今日の話を聞いて強く思いました。

遠藤　聴いてくれる人というのは親、先生、それ以外にもありそうですね。

粂田　学校の先生の役割は大きいと思います。たとえば、特別支援学校を卒業する本人が求めていることと、親が求めていることとの乖離は、あまりにも大きいということがよくあります。働けることをよしとする価値観があまりにも強く社会に浸透しているために、本人の幸せを考えることが難しくなっているのかなと感じます。本人の思い、感じていることに耳を傾けることが大事なのですが、それができにくい社会が立ちはだかっているのです。

遠藤　子どもの幸せはどうでもいいと思っているわけではないんですよね。この子は正社員で採用してもらったほうがゆくゆくいいに決まっている、と。だから就職、就職ってなるんだろうと思うんですね。働き先が見つかることがこの子にとっての幸せに違いないという思い。それは、線引きが難しいですが、行き過ぎてしまうと、決めつけ、パターナリズムになってしまう。その子を取り巻く学校の先生や親御さん、もろもろの中で、全体として自分をわかってもらえているという経験を機能として担保できるといいなと思います。

粂田　支援はチームでやることが大事だと思います。能力主義の価値観が社会全体に浸透しきっている現状で、難しさを自覚しながらあがいていく術としては、いろいろな角度から「聴く」ということが大事なのではないかと思います。

太田　頑張れば頑張るほど報われる、たくさん勉強したらいい成績になっていい会社に入れる、能力主義ってそう聞こえてしまいますが、そもそも本当にそれが幸せにつながるのかが、抜け落ちていると思います。能力主義という価値観だけではこの先難しいということを子どもたちに教えたい。先生にかぎらず、周りの大人が伝えていかなければいけないことだと思います。

課外活動

これからをつくる背中
～インクルーシブな社会をつくりたい学生たちの声～

ここでは、インクルーシブな社会をこれからつくっていこうと歩みを進めている学生たち４名に執筆をお願いしました。それぞれがインクルージョンに興味を持ったきっかけ、教育や授業について考えていること、今取り組んでいること等、以下の設問から答えてもらいました。

---

①「インクルージョンに関心を持ったきっかけはなんですか？」
②「あなたの考えるインクルージョンってなんですか？」
③「インクルージョンを実現するために（インクルーシブな社会をつくるために）必要なことってなんだと思いますか？」
④「③のために自分が今取り組んでいることは？」
⑤「教育から変えるとしたら、どんな授業を受けたいですか？」
⑥「本書を読んだ人と未来の自分に向けて伝えたいことは？」

---

①「インクルージョンに関心を持ったきっかけはなんですか？」

私は、３歳から車椅子ユーザーです。小学校の６年間は地域の小学校の特別支援学級に在籍していましたが、その後は支援学級のない私立の中学校に入学しました。小学校の頃は、支援学級の担任の先生がいつもそばにいるので、自然と距離ができてしまう友だちとの関係に悩んだこともありました。しかし、中学校では、必要なことだけに支援がついて

いたので､友だちとの関係性の中でのびのびと過ごすことができました。私の障害は変わらないのに中学校では支援学級がなくとも困らなかったので、いったい支援学級は誰のためのものなのか？　という疑問につながりました。

⑤「教育から変えるとしたら､どんな授業を受けたいですか？」

私は、外国人の先生の授業を受けることの多いコースに在籍しています。実際に私が今まさに、受けたい授業を受けているので、その先生方の話を紹介します。

外国人の先生たちは、私だけではなくすべての学生が授業を受けやすいようにしてくださるので、私も特別な合理的配慮は必要なく、障害を感じることはありません。オンライン授業はレコーディングがいつもされていて、資料もアップされているので、Zoomの接続がうまくいかなかったりしても、いつでも聞き逃しを確認できます。

また別の授業では、提出期限が過ぎると先生が､「期限内に提出してくれた人、ありがとう。この１週間、期末試験があったり、あなたたちはとても忙しかったと思う。提出日の深夜までに提出できないと何人かから連絡がありました。あまり詰め込んでほしくないから、この授業のことはflexibleにしたいと思います。あなたたちが精神的にＯＫになるまで。出せなかった人は提出期限を延ばします｣。

このようなことをおっしゃったので、とても驚いたと同時に、私たちは許されているな、と感じました。私は、期限内に提出していたのですが、この言葉を受け、困ったことはなんでも先生に相談しようと思うことができ、安心しました。提出できなかった友だちは、集中して取り組んだ上で提出できるように期限を延ばしてもらえるよう、堂々と交渉できるようになりました。決して、優しいからと先生をなめるようになったわけではなく、より先生を信頼し、皆が課題に対して真面目に向き合おうと思ったように感じます。

また別の授業で、レポートを提出したときのことです。私自身の不注意で、別の教科の課題を提出してしまっていました。そのことに数日気が付いていませんでした。ある朝、先生からのメッセージでやっと気が付いたのですが、そのメッセージの最後に、「気づくのがとても遅くなってしまってごめんなさい」と書かれていました。私のミスなのに、です。そのことにとても驚きました。私は、再提出を認めてくださった先生に感謝し、二度とこのようなミスをしないよう確認の上に確認をするようになりました。

また、最終評価のプレゼンテーションの日に抜けられない私用で出席できないとご相談したら、私だけ１週間前にプレゼンテーションできるように変更してくださいました。

私は、先生方のこれらのエピソードの根底には、学生に対する信頼があると思っています。お互いに基本的な信頼があってこそインクルーシブな、みんなのための授業づくりは、可能になるのではないでしょうか。

⑥「本書を読んだ人と未来の自分に向けて伝えたいことは？」

自分が「障害者」であることをまったく意識して生活していません。しかし、他者からの態度や言葉、望んでいない配慮で障害を強く意識させられます。「障害」の部分だけが私のすべてで、同世代の持つ感情など持つはずもないと理解されていて、経験によって発達するひとりの人間としてはまったく見てもらえていない、と悲しくなることが多かったです。これからの子どもたちにそんな思いはしてもらいたくないと思っています。

また、未来の自分がこの本を読んだときには「インクルーシブってなんだったっけ？」とみんなで思うくらい、いろいろな人が、当たり前に、そしてそれぞれの幸せを感じながら共生できる社会が実現していることを心から願っています。

（岩下唯愛）

①「インクルージョンに関心を持ったきっかけはなんですか？」

書籍を通して、現在のイタリアの学校制度では特別支援学校がなく、全員が地域の学校に就学することが原則となっているということを知り、日本の特別支援教育の形が絶対ではないということを知りました。

また、具体的な支援を行う形態もそうですが、そもそもどのような背景のある子どもを支援の対象とするのか（例:障害、貧困家庭、虐待、不登校、外国ルーツ等）について、それぞれの文脈で必要性はいわれてはいるものの、それらがすべて個々のものとして扱われていることに違和感がありました。

そこで、（学校という限定的な場面ではありますが）インクルージョンという包括的な概念を手がかりにすることで、「誰に、どのような基準で、どのような支援を、誰が、どうやって実施するか」について、何かしら自分なりの考えを持てるのではないかと思い、関心を持ち始めました。

④「③のために自分が今取り組んでいることは？」

私は現在、学校は特別な教育的ニーズを持つ子どもに関して、どのように対象を定め、学校内の支援体制を構築し、支援を実施していくのかということを研究しています。

私は、支援の対象の決定や実施する支援内容に関しては、検査の実施や通級指導等で一部分は専門家が携わってはいるものの、包括的な支援の検討は必ずしもなされているわけではなく、各学校や教師の価値観に依存している部分が大きいのではないかと考えています。支援を行うかどうかの判断が、1人の学級担任に依存しているという実態があるとしたら、それは子どもにとっても教師にとってもよいものとはいえません。このような構造を分析するために、とくに、学級担任が、どのような子どもをどのような理由で「特別な教育的ニーズを持つ」と判断しているのかについて、質的な手法を用いて明らかにしていきたいと考えています。

⑤「教育から変えるとしたら、どんな授業を受けたいですか？」

「困った子ども」を、「困っている子ども」と捉えるためには、「その行動の背景にどのような要因があるのか」ということを想像することが必要になります。その子どもの行動の背景を想像してみようという試みによって初めて、その子どもの行動の理由を少しだけ理解できるようになり、その子どもに対する手立てを検討し始めることができると考えています。

　このような視点を持つためには、特別支援教育や児童福祉の視点から、子どもの困りを構造的に捉えられるようになる必要があると思います。これを実感するためにも、「発達障害の子ども」ではなく、「クラスで離席が目立ち、周囲の子どもにも非難されることが多い子ども」に対してどのように関わるかといったように、具体的な対象像を明確にした上で、授業を行うことが必要だと思います。理論的な背景を基にして、実践的なアセスメントと支援の検討を行うことができるような授業は受けてみたいと思います。

⑥「本書を読んだ人と未来の自分に向けて伝えたいことは？」

未来の自分はおそらく、公教育周辺に関わる何かしらの仕事に就いていると思っていますが、１年後の自分、もっというなら明日の自分ですら何をしているのかよくわからないというのが、今の想いです。

ただ、しんどい状況にある人や困っている人がいたら、そこから目を背けずに、考え続ける自分でありたいという思いは強く持っています。しかし、そのためには、自分自身に、ほかの人のことを考えることができるような余力が残っている必要があると考えています。だからこそ、自分自身を大切にすることが、ほかの人も大切にすることにつながると信じて、自分自身の心身の健康を大切にしていてほしいです。これからもたくさんの本を読んで、映画を見て、人の話を聞いて、この世の中のことを知り、困難な世の中を歩んでいってくれたらと思います。

（尾花涼）

①「インクルージョンに関心を持ったきっかけはなんですか？」

現在の学校教育についての違和感を強く感じたのは大学生のときです。当時個別塾のバイトをしており、そこで学習に困難を抱えるさまざまな子どもとたくさん出会いました。彼らが「どうして自分はこんなにバカなんだろう……」と悲しそうにつぶやき、自分を責めている様子を見たとき、「未来に開かれた彼らの顔を曇らせてしまう社会をもっと変えていく必要があるんじゃないか？」という感覚が芽生えました。

進学と共に自身も発達障害の診断を受け、障害問題がよりリアルに迫っていた中、社会に対し感じている無力さや苛立ちを言語化するようサポートしてくださったのが指導教員の川口広美先生でした。川口先生は、多文化主義や批判的人種理論など、個人的な問題を社会的に捉えるためのレンズを得られる書籍を読むよう勧めてくれました。また同時に、それらの視点を用いて現在の教育を分析し、共に考え、モヤモヤする感覚を共有してくれました。その中で、星加良司先生の『障害とは何か　ディスアビリティの社会理論に向けて』(生活書院、2007年)と出会い、「障害の社会モデル」の視点を獲得し、「インクルージョン」という概念を知りました。

③「インクルージョンを実現するために(インクルーシブな社会をつくるために)必要なことってなんだと思いますか?」

第1に、「排除に気づき、認めること」です。身近な社会ではさまざまな不公正や排除が起きていますが、それを「不公正」や「排除」だと気づくことは非常に難しいです。また、たとえ気づいたとしても、それをそうだと認めることはもっと難しいでしょう。もしかしたら自分がそれを生み出す手助けをしているかもしれないのですから。これを乗り越えるためには、さまざまな立場にある人の話に耳を傾けること、そして自分を愛しながらも見つめ直すことが必要です。

第2に、「原因を考えること」です。「排除に気づき、認めること」ができたら、なぜそれが起こっているのかについて考える必要があります。その際、問題が個人にあるか、社会にあるかについては留意しておく必要があります。問題の所在をどこに置くかによって、次に考えるべき解決のアプローチが変わっていくからです。そのときに忘れてはいけないと思うのは、「多様な人々と共に生きる社会」を私たちが目指しているということです。

第3に、「解決方法を考え、行動に移すこと」です。これはさまざまなスケールで考えていく必要があります。社会のしくみを変えていくための取り組みは、最も根本的なところに働きかけるため、非常に意義のあるものとなりますが、労力が大きく時間もかかります。身近で1人でもすぐに行動に移せるような具体的な行動を考えながら、同じ問題意識を持つ人たちとアライ（同盟、支援）の関係になったり、個人的・社会的アプローチを組み合わせながら戦略的に行っていく必要があります。

④「③のために自分が今取り組んでいることは？」

私は現在、大学院で「社会科でいかに障害を解消するか」というテーマで研究を行っています。インクルーシブ教育の進展で教科教育にも「学びのユニバーサルデザイン」といった考え方が広がり始めてはいますが、そういった試みがただの授業の手段として捉えられてしまっている現状があります。社会科は民主主義社会の形成者の育成を目標とする教科であり、インクルージョンを考え、目指すことそのものが授業内容になりうる教科です。授業方法の視点だけではなく、目標や内容からも障害を解消する方法を研究し、その必要性を訴えていくことで、ちょっとずつでも先生や子どもの意識を変えていくことはできないか、実践による蓄積を重ねながら研究を深めています。

（久保美奈）

①「インクルージョンに関心を持ったきっかけはなんですか？」

年齢が上がるにつれ、自分の周りには同じような人しかいなくなるように感じ、閉塞感があったからです。私は生まれつき眼の病気があり、小さい頃からよく病院に通っていました。幼少期に病院で一緒に遊んでいた子たちは、手足の不自由な子や遺伝性疾患のある子など、本当に十人十色でした。

小学生になると、障害のある子は「なかよし学級」に行き、別室で授業を受けることを知りました。その後､私立の中高一貫校に進学すると、障害のある子は学年約300人に１人しかいなくなりました。地元の医科大学に進学するとなおさら、均一化された集団の中に自分がいて、試験の点数という１つの物差しで測られることがとにかく嫌いでした。

一方、海外に行き、さまざまな文化の人々と話すことや、放課後デイサービスのアルバイトで個性豊かな子たちと遊ぶことは、とても居心地がよかったのです。そのような経験から、多様性にあふれたインクルーシブな環境は自分を生きやすくしてくれるのだと気づきました。

②「あなたの考えるインクルージョンってなんですか？」

誰もが「そのまんまでいいんだ」と自他共に思える環境のことです。私は幼い頃から眼が悪かったので、親から「ちゃんと見えてる？」と聞かれることが多くありました。その度に「うん」と言いながらも、心の中では“ちゃんとって何？”“どうやって確認するんだろう”、“仮に私の見えている世界とほかの人の見えている世界が違ったとしても、それの何がダメなのか”と疑問に思っていました。

誰しも自分とは違うものは受け入れがたく、「ちゃんと」という基準に当てはめて安心したいのかもしれません。これは身体的な特徴だけでなく､考え方や性自認､発達に関しても同様です。私はこの体験から「自分の見え方と他人の見え方は違う」という前提を拠りどころに、「自分は自分でいいんだ」と自覚でき、かつ周りの人にも受け入れられていることがインクルージョンだと思います。

④「③のために自分が今取り組んでいることは？」

私は、2018年に学生団体ＷＡＫＡ×ＹＡＭＡを創設し、発達障害の二次障害をなくすべく、中高大学生向けの課題解決プログラムを運営していました。二次障害とは、障害そのものによる影響だけでなく、周囲の理解不足により自尊心の低下や、不登校、社会生活への支障など二次的な問題が生じることです。つまり、二次障害は社会的に障害への理解が進みインクルージョンな環境になれば､なくすことができる障害です。そのため、ステレオタイプが形成されきっていない若い世代から、発達障害について学び、実際に困っている人と一緒に打開策を考え、行動に移すという経験が重要だと考えました。

私はこのプログラムの運営を通じて、多くの発達障害の当事者やそのご家族と出逢い、障害のある人にとって治療だけではなく、学校生活や就労、親亡き後の生活にまで伴走できる医師になりたいと思うようになりました。現在は一般市民に対する障害理解教育の促進について研究を行いながら、来年の医師国家試験に向け勉学に励んでいます。

⑤「教育から変えるとしたら､どんな授業を受けたいですか？」

私が受けたい授業は知的好奇心が養われる授業です。私は今まで幾度となく知的好奇心に救われてきました。進路に悩んだときも、新型コロナウイルス感染症のパンデミックや戦争など社会全体が混沌としたときも、知的好奇心のままに学ぶことで道が拓けてきました。私はもともといろいろなことを知りたい欲求が強い性格ですが、幼少期から周囲の大人が私に生きた情報を適度に与えてくれたので、私の好奇心はどんどん旺盛になりました。

子どもは生まれてくる土地や時代、環境を選ぶことはできません。現在は家庭の教育力が低下しているともいわれています。そのため、義務教育である学校で、子どもたちの知的好奇心を養う教育を保障することが大切です。信頼できる大人になんでも質問でき、それに対して適度に答えてくれる人がいるという環境によって知的好奇心が深まります。学校外の人との出会いも大切です。机上に留まらない実学こそ、学習意欲がわき、将来の生きる力となるのです。

⑥「本書を読んだ人と未来の自分に向けて伝えたいことは？」

世界で40秒に1人が自殺している現状をご存じでしょうか。私も親しい友人を自殺で亡くし「どうしたら誰もが生まれてきてよかったと思える社会になるのか」という大きな問いの中にいます。

現在、世界で15％もの人がなんらかの障害を抱えて生活しており、インクルージョンな考え方や価値観の需要は高まっています。私は、インクルージョンによって障害のあるなしに関わらず、確実に個々人の視野と心が広がると思います。私たち1人ひとりにできることはなんでしょう。「どうしたらインクルージョンな社会になるか」という答えは見つからないかもしれません。しかし、道端で困っている人に声をかけてみる、点字ブロックを塞いでいる自転車を除ける、そんな小さな行動の積み重ねで社会は1ミリずつでもよくなるのではないでしょうか。

私は無力さを感じながらも、周囲の人のSOSに耳を傾け、これからも問いに向き合い続けたいと思います。

（村田七海）

あとがき

本書を最後までお読みいただき、本当にありがとうございました。差別がなぜ生じるのか、構造的な差別を断ち切るためにどのようなことができるのか。そんなことを子どもたちと考えるためのヒントが見つかりましたでしょうか。少しでも見つかっていればとてもうれしく思います。

本書は、編者の野口さんが主催するインクルージョン研究会「あぜみ」にて扱われたテーマを基に構成されています。これは、多様な人が過ごしやすいインクルーシブな社会をつくっていくことを目指している人たちがつながりながら、お互いに実践や悩みを共有していくオンラインの場です。

ぼくはこのあぜみがスタートすることを知ったとき、「インクルージョンって言葉は聞いたことがあるけど、なんだかよくわからないなぁ。とにかく参加してみよう」と、ボヤっとした動機で参加しました。しかし、本書で扱われたテーマを1つひとつ皆さんに教えてもらいながら学んでいくと、「これはぼくにはとても大切なことだ……なんでもっと早く勉強しておかなかったんだ……」と、毎回反省していました。というのも、ぼくがこれまでよかれと思ってやっていたことが、差別（あるいは差別が生じる構造の再生産）をしてしまっていたのだと気づくことばかりだったからです。

実は本書は、そんな過去のぼく自身に読ませたいという個人的な想いで企画がスタートしました。でも、きっと、過去のぼくと同じようにまだインクルージョンという言葉すらもよくわかっていない人はたくさんいるはず。なので、学校現場で働くインクルージョンについて関心がある先生や差別についてモヤモヤとしている先生に向けた1冊でありながら、それらに関心がない学校現場へ直接関わらない方にも読んでいただきたいと強く思っています。

さて、差別について学ぶことは、これまでの自分を見つめ直すことでもあります。じつは自分が差別をしていたこと、差別を止めようとしたけれどもなんの力にもなれなかったこと、差別をしているのかもしれないとつねに自分を疑うこと……そんな自分に出会うことばかりです。そして、それは少ししんどいことでもあります。だって、差別について学ぼうとしている人が差別をしたいと思っているわけがありませんから。

そんなことを考え、感じていたぼくが「差別について学ぶことは大切だと思うんです。でも、それはしんどいことでもあるように思って。どうしたらぼく自身や差別に関心がない人たちが、学び続けられるようになるんでしょう」と野口さんにモヤモヤ相談をしたことがあります。そこで野口さんは、「学ぶことはしんどいかもしれないけど『JOY』だよ」と、ぱさりと答えてくれました。「JOYか〜なるほど。それはしっくりきます」と、ぼく。新たな気づきを得る、それが自分の実践につながっていく、そしてインクルージョンの社会が少しずつつくられていく、誰かが生きやすくなる。それは自分自身に向き合うしんどさを超えますよね。ぼく自身も、この1冊をつくるすべての工程においてたくさんの気づきを得られ、実践につながりました。それは本当にJOYです。野口さんに「JOYだよ」と言ってもらったことで得られた感覚は、今でもぼくが学び続ける原動力になっています。皆さんのJOYにもつながっていければいいなぁ、なんてことも考えます。

表向きはインクルーシブ教育について考える学校の先生に向けた本ですが、じつはぼくの好きで始まった本書。本当に最後までつきあっていただき、ありがとうございました。

最後に、ご執筆いただいた、延原さん、中野さん、川﨑さん、松波さん、加藤さん、深澤さん、伊藤さん、星野さん、郡司さん、青山さん、松山さん、大野さん、森村さん、田中さん、福地さん、大石さん、清水さん、遠藤さん、太田さん、桒田さん、岩下さん、尾花さん、久保さん、村田さんには大変お世話になりました。皆さんの経験や想いの１つひとつが書かれた原稿が届く度に活力をいただき、JOYにあふれた編集をすることができました。そして、編者・執筆の野口さんと編集者の加藤さん、ゼロからずっと一緒に走り続けていただきありがとうございます。最初からあった「すごくいい１冊になる！」という想いを持ち続けることができたのはうれしいことです。ここの皆さまは忙しく過ごしているので、たまにはゆっくりしてくださいね。

本書を読むあなたの考えや実践につながり、そしてまた別の誰かにつながっていく。そうやって少しずつインクルーシブな社会になっていく。そんなことを心から願います。では、また。

2022年８月　編者：喜多一馬

【編著者】

野口晃菜（のぐち・あきな）

インクルージョン研究者。博士（障害科学）。一般社団法人UNIVA理事。国士舘大学非常勤講師。学校、教育委員会、少年院などと共に、インクルージョン実現のために研究と実践と政策を結ぶのがライフワーク。経産省産業構造審議会教育イノベーション小委員会委員、文科省新しい時代の特別支援教育の在り方に関する有識者会議委員、日本ＬＤ学会国際委員など。著書に『発達障害のある子どもと周囲の関係性を支援する』（中央法規出版）『インクルーシブ教育ってどんな教育？』（学事出版）などがある。

喜多一馬（きた・かずま）

株式会社PLAST。理学療法士。おもに就労継続支援Ｂ型と福祉用具貸与事業所で働きながら、障害のある人が地域で生活できる社会をつくるための実践と研究に取り組んでいる。関心は支援者支援。医療メディア『メディッコ』代表、訪問リハコミュニティ『リハコネ』運営、研究会『con』運営など。著書に『リハコネ式！訪問リハのためのルールブック』（株式会社ともあ）『現場から学ぼう！看護師のための多職種連携攻略本』（ＣＢＲ出版）などがある。

差別のない社会をつくるインクルーシブ教育
誰のことばにも同じだけ価値がある

2022年10月26日　初版第１刷発行
2024年10月８日　第５刷発行

編著者　野口晃菜・喜多一馬
発行者　鈴木宣昭
発行所　学事出版株式会社
〒101-0051　東京都千代田区神田神保町1-2-5
TEL：03-3518-9655　URL：https://www.gakuji.co.jp

編集担当　加藤　愛
編集協力　西田ひろみ・桒田幸希
装丁・本文デザイン　弾デザイン事務所
装画　三好　愛
似顔絵・本文イラスト　岸べぇ（株式会社アスタリスク）
印刷・製本　研友社印刷株式会社

ISBN　978-4-7619-2883-4　C3037　Printed in Japan

●本書のテキストデータ提供について
本書をご購入いただいた方のうち、視覚障害、肢体不自由などの理由で書字へのアクセスが困難な方に本書のテキストデータを提供いたします。ご希望される方は、以下の方法にてお申し込みください。

【データの提供形式】CDまたはメールによるファイル添付（メールアドレスを記載した用紙を同封ください）
・ご氏名、ご住所を明記した返信用封筒、下の引換券（コピー不可）および200円切手（メールによるファイル添付をご希望の場合は不要）を同封のうえ、弊社までお送りください。

＊点訳・音訳データなどの作成は、視覚障害の方のご利用に限り認めております。内容の改変・流用、転載、その他営利を目的とした利用はお断りいたします。

●送付先
〒101-0051
東京都千代田区神田神保町１－２－５　和栗ハトヤビル３Ｆ
学事出版株式会社　出版部　テキストデータ係

テキストデータ引換券

『差別のない社会をつくるインクルーシブ教育
誰のことばにも同じだけ価値がある』